HERDER / SPEKTRUM *MEISTERDENKER*

HERDER / SPEKTRUM

Das Buch

Mit seinen Analysen und Visionen hat Karl Marx (1818–1883) wie kaum ein anderer auf die Geschichte des 20. Jahrhunderts eingewirkt. Unser Verständnis von Wirtschaft, Gesellschaft und Politik ist maßgeblich und nachhaltig von Vorstellungen und Begriffen geprägt (wie Mehrwert, Entfremdung, Klasse, Materialismus, Revolution etc.), die durch ihn weltweit wirksam wurden. Iring Fetscher führt in das Denken von Karl Marx ein und skizziert sein Leben wie auch die geistigen Hintergründe und Auseinandersetzungen, die zu der Entwicklung und zur Wirkung seiner philosophischen und ökonomischen Theorien geführt haben. Deutlich wird, daß auch nach dem Scheitern der kommunistischen Ideologie die Fragen, die Marx zu Gesellschaft und Individuum, Ökonomie und Arbeit gestellt hat, von unvermindert großer Aktualität sind.

Der Autor

Iring Fetscher ist em. Professor für Politikwissenschaften an der Universität Frankfurt am Main. Er ist der Autor zahlreicher Bücher, u. a. über Rousseau, Hegel und Marx. Jüngste Veröffentlichungen: *Überlebensbedingungen der Menschheit. Ist der Fortschritt noch zu retten?* (1991); *Neugier und Furcht. Versuch, mein Leben zu verstehen* (Autobiographie, 1995); „Historische und aktuelle Tendenzen der Solidarität", in: Gerd Iben, Peter Kemper und Michael Maschke (Hrsg:): *Ende der Solidarität? Gemeinsinn und Zivilgesellschaft* (1999).

Iring Fetscher

Marx

Herder
Freiburg · Basel · Wien

Originalausgabe

Genehmigte Lizenzausgabe Panorama Verlag, Wiesbaden
Lektorat: Lukas Trabert
Satz: DTP-Studio Helmut Quilitz, Denzlingen
Druck und Bindung: GGP Media, Pößneck
Umschlaggestaltung: Joseph Pölzelbauer
Umschlagmotiv: Foto, Bildarchiv Herder
ISBN 3-926642-48-3

Inhalt

Einleitung

Die gesammelten Werke von Marx sind noch immer nicht vollständig ediert. Selbst die zu seinen Lebzeiten und aus dem Nachlaß gedruckten Schriften umfassen so viele unterschiedliche Wissensgebiete, daß eine begründete Auswahl unabdingbar ist. In der vorliegenden Monographie wird der Schwerpunkt auf den frühen Marx und auf seine philosophischen und ökonomiekritischen Arbeiten gelegt. Sie stellen zugleich das Zentrum seiner ehrgeizigen Bemühung dar, die zeitgenössische Gesellschaft, ihre Vorgeschichte und ihre künftigen Entwicklungsmöglichkeiten zu analysieren und zu verstehen. Ausgehend von einem durch Hegel und Feuerbach beeinflußten Menschenbild gelangt Marx zu einer Kritik an den deformierenden Einflüssen der zeitgenössischen kapitalistischen Gesellschaft. Beeindruckt durch die sozialistischen und utopischen Denker Frankreichs und Englands, wird er auf das Industrieproletariat als potentielle Kraft einer künftigen Revolution aufmerksam. Am Studium der Französischen Revolution entwickelt er Kategorien zum Verständnis politischer und darüber hinausgehender sozialer Umgestaltungen. Die klassische Nationalökonomie eines Adam Smith und David Ricardo liefert ihm einen Schlüssel zum Verständnis – und daran anschließend zur Kritik – der industriellen Marktwirtschaft und ihrer eindrucksvollen Dynamik. Enttäuscht über die säkulare Rückständigkeit des in Kleinstaaten geteilten und kleinbürgerlichen Deutschland, sucht er nach einer Entwicklungsmöglichkeit, die den Rückstand seiner Heimat gegenüber den politisch und wirtschaftlich weiter entwickelten westlichen Nachbarn einzuholen (und womöglich zu überholen) erlaubt. Hier taucht beim frühen Marx die Verbindung der in Europa führenden deutschen Philosophie mit dem zukunftsverheißenden Proletariat auf. Die Radikalität beider ist ihm eine Gewähr für einen Sprung über die Schranken, unter denen die bourgeoisen Gesellschaften im Westen noch leiden. Später wird er – enttäuscht durch die Revolution von 1848/49 in Deutschland – diese Erwartung wieder fallenlassen, auch wenn der Anklang, den seine Theorien in der deutschen Arbeiterbewegung nach 1871 finden, wieder die alten Hoffnungen belebt. Dennoch: Favorit der Revolution des durch den Weltmarkt geschaffenen Industrieproletariats ist England. Von 1849 an wird Marx dort – mit wenigen Unterbrechungen – wohnen und arbeiten. Sein Hauptwerk „Das Kapital" kann er selbst nicht mehr vollenden. Auf den 1867 erscheinenden ersten Band folgen zwei weitere erst aus dem Nachlaß, den sein Freund Friedrich Engels bearbeitet hat. Auf dem Weg zum Hauptwerk gehen allerdings viele Aspekte seiner konkreten Zukunftsvision verloren. Um jeden „Utopismus" zu vermeiden, legt sich der Autor asketische Selbstbeschränkung auf. Dennoch bleiben als Motiv seiner Arbeit und seines Wirkens innerhalb der internationalen Arbeiterbewegung konkrete Zukunftsvorstellungen weiter wirksam. Hier und da kommen sie auch in seinem als streng wissenschaftlich intendierten Werk zum Ausdruck.

Das Wirken von Marx als Organisator und Agitator der Arbeiterbewegung in Deutschland, England, Frankreich und in der „Internationalen Arbeiterassoziation" bedürfte einer eignen Monographie. Ebenso interessant und weit weniger bekannt ist die umfassende journalistische Tätigkeit von Marx, die in erster Linie zur Bestreitung seines Lebensunterhalts, aber durchaus auch zur Beeinflussung der öffentlichen Meinung in New York, wo die meisten seiner Zeitungsartikel erschienen sind, in Deutschland und Großbritannien diente. Einen gewissen Eindruck von der zeithistorischen Aktivität von Karl Marx kann die Arbeit über den „18. Brumaire des Louis Bonaparte" vermitteln. Napoleons Diktatur ist ein Beispiel dafür, wie wenig mit der Einführung des allgemeinen und gleichen Wahlrechts für die Herstellung freiheitlicher und demokratischer Verhältnisse schon getan ist. Hinweise auf die Beurteilung des britischen Kolonialismus und den Panslawismus sowie die – schon früh von Marx und Engels – bekundete Sympathie für die polnischen Demokraten mögen als Beispiele für seine journalistische und zeithistorische Arbeit genügen.

Im Zusammenhang mit dem Hauptwerk und dessen Vorarbeiten muß ich aber auf einen – meist völlig übersehenen und von den Marxisten kaum wahrgenommenen – Aspekt der Marxschen Theorie hinweisen: seine Warnung vor der Naturzerstörung durch eine „naturwüchsige" Entwicklung der industriekapitalistischen Produktionsweise. Insbesondere hat Marx schon früh auf die verheerenden Folgen agrarischer Monokulturen und die Zerstörung der Bodenfruchtbarkeit durch Versuche kurzfristiger Maximalproduktion mit Hilfe von Überdüngung usw. hingewiesen. Daß nicht erst die moderne Wirtschaftsweise, sondern auch schon die Antike durch kurzsichtige Bodennutzung – z. B. durch Rodungen – die natürlichen Lebensgrundlagen beschädigt hat, hat Marx durch eine Arbeit des bayrischen Botanikers Karl Nikolaus Fraas erfahren, dessen Buch *Klima und Pflanzenwelt in der Zeit* (1847) er Engels dringend zur Lektüre empfiehlt.

* * *

Da die Werke von Marx heute kaum noch gelesen werden, war es mir ein Anliegen, ihn möglichst oft selbst zu Wort kommen zu lassen. Die kursiv markierten Stellen in den Zitaten geben meine Betonungen wieder.

1. Herkunft – Schulzeit in Trier

Karl Marx wurde am 5. Mai 1818 in Trier geboren. Sein Vater Hirsch (seit 1814 Heinrich) Mordechai (seit 1808 Marx) war Advokat und Rechtsanwalt, zeitweilig Vorsitzender der Trierer Anwaltschaft. Er stammte aus einer Familie, aus der im Laufe der Jahrhunderte viele Rabbiner hervorgegangen waren. Vermutlich im Jahr 1817 vollzog Heinrich Marx seinen Übertritt zum protestantischen Christentum. Sechs Kinder der Familie Marx wurden 1824 getauft. Die Mutter Henriette Pressburg – Tochter eines Kaufmanns, aber gleichfalls aus rabbinischer Familie stammend – trat noch etwas später zum Christentum über. Motiv für den Glaubenswechsel dürften in erster Linie Schwierigkeiten bei der Zulassung zur beruflichen Tätigkeit gewesen sein. Daß die Taufe der Kinder und der Glaubenswechsel der Frau erst später stattfanden, wird von den meisten Biographen auf Rücksichtnahme gegenüber rabbinischen Verwandten zurückgeführt. Heinrich Marx fiel die Konversion vermutlich leicht, da er einem aufgeklärten Deismus zuneigte und sich als „Schüler von Voltaire und Leibniz“ empfand. Es ist anzunehmen, daß dem jungen Karl Marx während der sechs Jahre vor dem Übertritt zum Protestantismus kaum eine jüdische religiöse Unterweisung zuteil wurde. Sein Verhältnis zum Judentum war auch in der Folge distanziert. In seiner leicht mißverständlichen Schrift „Zur Judenfrage“ identifiziert er die europäischen Juden mit krassem Eigennutz und behauptet: „der weltliche Kultus des Juden“ sei „der Schacher ... ihr weltlicher Gott – das Geld“. Wenn man diese Stelle aus der 1844 veröffentlichten Arbeit isoliert zitiert, verkennt man allerdings die eigentliche Tendenz dieser Schrift. Es ging Marx einmal darum,

Bruno Bauers Forderung, die Juden müßten ihren Glauben aufgeben, um Staatsbürger werden zu können, zu widerlegen. Zum anderen wollte er seine Theorie illustrieren, religiöses Bewußtsein sei immer Folge und Ausdruck beengender sozialer Verhältnisse, die den einzelnen vom „Gattungsleben" trennen und dazu führen, eine „jenseitige Ergänzung" irdischer Beschränktheit zu imaginieren. Im übrigen richtet er seine Kritik sowohl gegen die jüdische als auch gegen die christliche Religiosität.

Doch kehren wir zurück nach Trier. Marx wird von seinem Vater unterrichtet und besucht von 1830 bis 1835 das Gymnasium, das von dem demokratisch gesinnten Rektor Hugo Wyttenbach geleitet wird, von dem Marx in Geschichte, Deutsch und vermutlich auch Religion unterrichtet wurde. Wyttenbach war während der französischen Zeit von der Pariser Regierung anerkannt, galt als Kantianer und hatte auch später noch eindeutig republikanische Ansichten. Als Redner bei Feiern in der „Casino-Gesellschaft" erregte er mit seinen freiheitlichen Äußerungen Anstoß bei den preußischen Behörden.

Marx war ein guter, wenn auch kein überragender Schüler. Immerhin fielen bei der Reifeprüfung von 32 Bewerbern 10 durch. Das Niveau des Unterrichts und die Anforderungen an die Schüler waren relativ hoch. Diese Tatsache geht auch aus den erhalten gebliebenen Abituraufsätzen von Marx hervor.

Der „ziemlich gut" bewertete Aufsatz „Betrachtung eines Jünglings bei der Wahl des Berufs" enthält einen Satz, von dem man mit einiger Berechtigung sagen kann, daß er dem späteren Wollen und Wirken des Autors den Weg weist: „Die Hauptlenkerin ... die uns bei der Standeswahl leiten muß, ist *das Wohl der Menschheit, unsere eigne Vollendung*. Man wähne nicht, diese beiden Interessen könnten sich feindlich bekämpfen, das eine müsse das andre vernichten, sondern die Natur des Menschen ist so eingerichtet, daß er seine *Vervollkommnung nur erreichen kann, wenn er für die Vollendung, für das Wohl seiner Mitwelt wirkt*... Wenn wir den Stand gewählt, in dem wir am meisten für die Menschheit wirken können, dann können uns Lasten nicht niederbeugen, weil sie nur Opfer für alle sind:

dann genießen wir keine arme, eingeschränkte, egoistische Freude, sondern unser Glück gehört Millionen, unsere Taten leben still, aber ewig wirkend fort, und unsere Asche wird benetzt von der glühenden Träne edler Menschen." Damit endet der Aufsatz. Zieht man die altertümlich klingenden rhetorischen Formulierungen ab, so wird schon der auf weltweite Wirkung abzielende praktische Ehrgeiz des Wissenschaftlers und Politikers Marx erkennbar.

Nicht minder interessant sind die Aufsätze in den Fächern Religion und Geschichte, wobei letzterer auf lateinisch geschrieben werden mußte. In der schriftlichen Arbeit zum Griechischen mußte ein Text von Sophokles ins Deutsche übertragen werden, eine Übersetzung ins Französische erhält die Note „mittelmäßig". Bemerkenswert ist, daß in der mündlichen Französischprüfung ein Text von Montesquieu herangezogen wird.

Kein Zweifel, dieses Gymnasium verlangte von seinen Abiturienten weit mehr, als heute üblich ist. Die Person Wyttenbachs dürfte – zusammen mit seinem Vater und dem künftigen Schwiegervater Ludwig von Westphalen – den jungen Marx in Trier nicht unerheblich beeinflußt haben. Daß Marx sehr wohl die politische Einstellung seiner Lehrer zu beurteilen wußte, geht aus der Tatsache hervor, daß er dem Kodirektor Vitus Loers, dem „die politische Aufsicht über das Gymnasium" anvertraut worden war und dessen reaktionäre Gesinnung man kannte, den üblichen Abschiedsbesuch verweigerte.

Zu der Familie des höheren Beamten in dem preußischen Regierungspräsidium Ludwig von Westphalen dürfte Marx durch seinen Mitschüler Edgar von Westphalen in Kontakt gekommen sein. Es ist aber auch möglich, daß zwischen seinem Vater und dem Regierungsrat berufliche Kontakte bestanden. Ludwig von Westphalen, der von 1808 bis 1813 Unterpräfekt in Salzwedel gewesen war, wurde 1816 als Erster Rat nach Trier versetzt. Damit war – gegenüber dem Gehalt des Sous-Préfekt (danach Landrat) – eine Einkommensminderung verbunden. Im Unterschied zu seinem Sohn aus erster Ehe, Ferdinand, der Karriere machte und von 1850 bis 1858 konservativer preußischer Innenminister war, wurde

Ludwig von Westphalen nicht mehr befördert. Er war für die Restaurations-Epoche offenbar zu fortschrittlich. Karl Marx war ihm schon vor seiner (geheimgehaltenen) Verlobung mit seiner Tochter Jenny freundschaftlich zugetan. Er hat dem väterlichen Freund 1841 seine Dissertation „Differenz der demokratischen und epikureischen Naturphilosophie“ gewidmet. Ludwig von Westphalen, dessen Vorfahren mütterlicherseits schottischem Adel entstammten (u.a. Campbel und Argyle), brachte Marx Shakespeare nahe, auch scheint er – im Unterschied zu Heinrich Marx – mehr Sinn für deutsche Literatur gehabt zu haben.

Die Liebe zu der bildschönen Jenny von Westphalen, die lebhaft erwidert wurde, stieß naturgemäß – angesichts der unterschiedlichen sozialen Stellung und Herkunft – auf erhebliche Schwierigkeiten. Die Verlobung wurde zwar Vater und Mutter Marx – nicht aber der Familie von Westphalen – vor der Abreise von Marx nach Berlin bekanntgegeben. Heinrich Marx teilte die Zuneigung seines Sohnes und ermahnte ihn, sich der Liebe dieser großartigen jungen Frau auch würdig zu erweisen und bald einen soliden Beruf anzustreben.

Kein Zweifel, Karl Marx war in vielfacher Hinsicht durch seine Trierer Herkunft und die Menschen, mit denen er dort Umgang hatte, geprägt. Sein Vater wie sein späterer Schwiegervater waren durch die Französische Revolution und die „Franzosenzeit“ beeinflußt worden. Ludwig von Westphalen brachte Karl Marx sogar erste Kenntnisse über St. Simon und den St. Simonismus nahe. Die große wirtschaftliche Not in der Stadt, deren Armen-Unterstützung zum Ressort Ludwig von Westphalens gehörte und mit der Rechtsanwalt Heinrich Marx oft genug zu tun hatte, blieb Karl Marx nicht verborgen. Als Redakteur der „Rheinischen Zeitung“ wird er später wiederholt über soziale Fragen der Moselregion berichten. Wie groß seine Neigung war, Rechtswissenschaft zu studieren, wissen wir nicht. Jedenfalls nahm er zunächst das vom Vater gewünschte Studium in Bonn auf und wechselte nach einem etwas ausgelassenen Jahr in Bonn an die „Arbeitsuniversität“ Berlin.

2. Studium in Bonn und Berlin. Begegnung mit den „Linkshegelianern"

Die Universität Bonn, deren Fakultäten für Gymnasiasten aus Trier am nächsten lagen, hat Karl Marx nur wenig wissenschaftliche Anregungen vermittelt. Er hat während der zwei Semester seines Studiums dort sich vor allem am geselligen Leben der Studenten beteiligt, war sogar einmal 24 Stunden wegen Lärm und nächtlicher Trunkenheit im Karzer und hat sich – nur leicht verwundet – im Duell mit einem „Borussen" „bewährt". Seine Hauptbeschäftigung bestand im Verfassen zahlreicher Gedichte, die er seiner angebeteten Jenny und dem verehrten Vater gewidmet hat. Wenige Jahre später hat er diese Produktionen zum großen Teil vernichtet. Was erhalten ist, verdient nur als Beitrag zur Psychologie des Menschen Marx Beachtung. Die einzigen Vorlesungen, die ihm offenbar Eindruck gemacht haben, waren die von A. W. Schlegel über Homer und die Elegien des Properz. Schließlich war Marx mit seinen verbummelten Bonner Semestern selbst unzufrieden und ging im Wintersemester 1836 nach Berlin, um ernsthaft Rechtswissenschaft zu studieren.

Das erste umfassende Zeugnis seiner geistigen Entwicklung, das wir aus den Berliner Anfangsjahren haben, ist der berühmte Brief an den Vater vom 10. 11. 1837. Er berichtet darin über seine enorme Lesewut und mehrere Versuche, „Systeme der Rechtswissenschaft" zu entwerfen, wobei er sich stark an der römischen Rechtstradition orientiert, die ihm vermutlich durch Vorlesungen Friedrich Karl von Savignys nahegebracht worden war. Als er mit seinem ersten „System" fertig geworden war, „sah er die Falschheit des Ganzen" ein. „Wiederum sei ihm klargeworden, ohne Philosophie sei nicht durchzudringen" (MEW 1, 7). Schließlich empfiehlt ein Arzt dem überanstrengten Studenten, sich in Stralow – bei Berlin – zu erholen. Während dieser Erholungszeit habe er „Hegel von Anfang bis Ende, samt den meisten Schülern kennengelernt" (10). Mit Hegel und vor allem wohl auch mit dessen Schüler Eduard Gans wolle er jetzt „im Wirklichen selbst die Idee" suchen, nicht mehr von der Idee aus die Wirklichkeit deduzieren.

Die Junghegelianer

Durch seine gründlichen Kenntnisse der Hegelschen Werke wurde Marx bald in den Kreis der Berliner Junghegelianer aufgenommen, die sich in Kaffeehäusern und Privatwohnungen trafen und als „Doctorklub" bekannt waren. Hier fand er in Adolph Rutenberg, Karl Friedrich Köppen und vor allem in dem Theologen und Philosophen Bruno Bauer wichtige Freunde. Köppen veröffentlichte 1840 ein Buch über „Friedrich den Großen und seine Widersacher", in dem er die romantische und reaktionäre Politik des zeitgenössischen Preußen vor dem Hintergrund des idealisierten, aufgeklärten Königs attackierte. Moses Hess ließ sich dort später von Hegel und den Junghegelianern zu geschichtsphilosophischen Spekulationen anregen. Rutenberg wurde zum Publizisten und stellte die Verbindung mit Arnold Ruge her, dessen „Deutsche Jahrbücher für Wissenschaft und Kunst" (1811–1843) eine wichtige Plattform der Jung- oder Linkshegelianer waren.

Bruno Bauer war Privatdozent der Theologie und verfaßte – unter Mitarbeit von Marx – das 1841 veröffentlichte satirische Buch „Die Posaune des jüngsten Gerichts über Hegel den Atheisten und Antichristen. Ein Ultimatum". Das anonym bleibende Buch präsentierte sich als entrüstete Polemik eines Pietisten gegen die atheistischen und aufrührerischen Hegelianer. Die Maskerade war so sehr gelungen, daß Freund und Feind sie anfangs nicht durchschauten. Ein pietistischer Rezensent begrüßte begeistert den neuen Mitstreiter, und der Linkshegelianer Arnold Ruge entrüstete sich! Natürlich konnte das Inkognito auf die Dauer nicht bewahrt bleiben. Absicht des Buches war es, die radikale und progressive Deutung Hegels als die einzig richtige zu erweisen, indem man dessen Werk zur Zielscheibe pietistischer Duckmäuser machte. Bauers Versuch, Hegel als revolutionären und atheistischen Denker zu präsentieren, war ein Mittel im Kampf um die Herrschaft über die öffentliche Meinung. Wenn Hegel selbst als Mitstreiter gewonnen werden konnte, stellte das einen erheblichen Vorteil für die Linkshegelianer dar. „Das ist nach Hegel die Versöhnung der Vernunft mit der Religion, daß man einsieht, es gebe keinen Gott und das Ich habe es in der Religion immer nur mit sich zu tun, während es religiös meint, es habe es mit einem lebendigen, persönlichen Gott zu tun" (Posaune, 148).

Bauer behauptet – damit den Weg für spätere Marxsche Formulierungen weisend –, daß „der Gott der Vorstellung nur der Mensch der Vorstellung, der aus sich heraus in den Himmel gesetzte Mensch ist" (Posaune, 135). Nicht nur die Religion, auch die bestehenden politischen Verhältnisse wollte Hegel angeblich stürzen. Jedenfalls hielten es die Linkshegelianer für legitim, aus der Hegelschen Philosophie revolutionäre Folgerungen zu ziehen. Arnold Ruge wirft Hegel lediglich vor, die Konsequenzen aus seiner Philosophie nicht *deutlich* und *radikal* genug gezogen zu haben. Als Mittel zur Umgestaltung der Verhältnisse soll – nach Bruno Bauer – allein die Kritik dienen, die von entschlossenen Denkern vollzogene Kritik alles Bestehenden. Dabei gilt der Zusammenhang zwischen der aufgeklärten Philosophie des 18. Jahrhunderts und der Französischen Revolution als Muster für die bevorstehende Wende, die von der junghegelianischen Kritik auf den Weg gebracht werden soll.

Zunächst freilich hoffte Bruno Bauer, seine Wirkung von einem theologischen (!) Lehrstuhl in Bonn aus verstärken zu können. Er plante – zusammen mit Marx und anderen – die Gründung einer Zeitschrift mit dem Titel „Archiv des Atheismus" und hoffte, daß die gegenseitige Toleranz und Konkurrenz der beiden theologischen Fakultäten (katholische und evangelische) in Bonn ihm genügend Freiraum dafür verschaffen würden. Den Freund Marx ermunterte er, endlich seine schon seit einiger Zeit in Angriff genommene philosophische Dissertation abzuschließen, um sich dann als Dozent ebenfalls in Bonn zu etablieren. Im Herbst 1841 wurde jedoch ein Amtsenthebungsverfahren gegen Bauer eingeleitet und im Mai 1842 mußte er seine Lehrtätigkeit in Bonn einstellen. Damit war auch für Marx die Aussicht auf eine Universitätstätigkeit geschwunden. 1839 war Eduard Gans gestorben, und die Regierung hatte den entschieden konservativen Staatsrechtler Friedrich Julius Stahl auf dessen Lehrstuhl berufen. Damit schied Berlin als Ort seiner Promotion für Marx aus, und er reichte 1841 seine Dissertation über die „Differenz der demokratischen und epikureischen Naturphilosophie" der Universität Jena ein, die eine Promotion „in absentia" schon zehn Tage später vollzog.

In seiner Dissertation stellt Marx die epikureische Naturphilosophie als atheistische und aufgeklärte Theorie vor. Besonders für Marxens Auffassung von der Hinnahme der eigenen Endlichkeit und der vernünftigen „Gelassenheit" gegenüber dem Tod war seine Beschäftigung mit antiken Denkern folgenreich. In Vorarbeiten, die zu einem Anhang seiner Dissertation gehören, kommt Marx ausführlich auf die Haltung der Epikureer und Stoiker gegenüber dem individuellen Tod zu sprechen. Dabei setzt er sich kritisch mit Plutarch auseinander, der meinte, „dies Bewußtsein der Endlichkeit mache unkräftig und tatlos, zeuge Verstimmung gegen das gegenwärtige Leben; allein das Leben vergeht ja nicht, sondern *dies einzelne Sein.* Betrachtet sich dies einzelne Sein als ausgeschlossen von diesem verharrenden allgemeinen Leben, kann es dadurch reicher und voller werden, daß es seine Winzigkeit eine Ewigkeit fortträgt? ... bleibt es (nicht) vielmehr in seiner Unlebendigkeit verknöchert?" (MEW Erg. Bd. 1, 119). Das Festhaltenwollen an der Existenz eines Angehörigen durch dessen Weiterleben im Jenseits ist – so das Argument von Marx – keineswegs Ausdruck der Liebe. Denn Liebe würde den Angehörigen vor allem ein *glückliches Leben* wünschen, nicht irgendeine – vielleicht schmerzhafte Existenz. Es geht im Grunde immer nur um das eigene Dasein, um „das Bewußtsein seiner eignen empirischen Existenz" – nicht um den Nächsten und die Liebe zu ihm. „Es ist also eine lügenhafte Fiktion..." (117).

Lukrezens Lehrgedicht „de rerum natura" kommentierend, stellt Marx fest: „Man kann sagen, daß in der epikureischen Philosophie das Unsterbliche der Tod ist. Das Atom, die Leere, Zufall, Willkür, Zusammensetzung sind an sich der Tod" (181). Die Hinnahme der eigenen Endlichkeit und die Erkenntnis der Ewigkeit der Atome sowie die Überwindung der Furcht vor rächenden Göttern sind Lehren, die Marx dankbar den antiken Autoren entnimmt. Man kann in dieser frühen Arbeit, die noch ganz unter dem Einfluß der Junghegelianer, namentlich Bruno Bauers, steht, schon Ansätze des späteren Materialismus und der Betonung der Naturgebundenheit des menschlichen Daseins erkennen. Auch an der Hochschätzung der antiken Philosophie wird Marx zeitlebens festhalten: „Die Griechen werden ewig unsre Lehrer bleiben, wegen dieser grandiosen objektiven Naivität, die jede Sache gleichsam ohne Kleider im reinen Lichte ihrer Natur, sei es auch ein getrübtes Licht, leuchten läßt" (235).

3. Redakteur der liberalen „Rheinischen Zeitung"

Gegen Ende des Jahres 1841 wird Marx – angesichts der Entlassung seines Freundes Bruno Bauer – klar, daß es für ihn kaum noch eine Aussicht auf universitäres Wirken in Preußen gibt. Aufgefordert durch den Junghegelianer Arnold Ruge, schreibt er Artikel für dessen „Deutsche Jahrbücher", die aber erst 1843 in der Schweiz in den Bänden der „Anekdota zur neuesten deutschen Philosophie und Publizistik" erscheinen können. Inzwischen war in Köln von (meist evangelischen und jüdischen) Bürgern das liberale Oppositionsblatt „Rheinische Zeitung" gegründet worden, das sich anfangs sogar gewisser Sympathie von seiten der preußischen Provinzialregierung erfreuen konnte. Marx empfahl seinen Freund Rutenberg als Chefredakteur, der aber dieser Aufgabe nicht gewachsen war. Von April 1842 an beginnt Marx für diese Zeitung Artikel zu schreiben, im Oktober übernimmt er die Chefredaktion – am 17.3.1843 scheidet er aus der Redaktion aus, am 1.4.1843 wird die Zeitung endgültig verboten. Die letzte Nummer enthält ein Gedicht von Georg Herwegh:

„Wir ließen kühn der Freiheit Fahne wehen.
Und ernst tat jeder Schiffmann seine Pflicht,
War d'rum vergebens auch der Mannschaft Spähen:
Die Fahrt war schön und sie gereut uns nicht.
Daß uns der Götter Zorn hat nachgetrachtet
Es schreckt uns nicht, daß unser Mast gefällt,
Denn auch Kolumbus ward zuerst verachtet,
Und endlich sah er doch die Neue Welt.

Ihr Freunde, deren Beifall uns geworden,
Ihr Gegner, die ihr uns mit Kampf geehrt,
Wir seh'n uns wieder einst an neuen Borden,
Wenn alles bricht, der Mut bleibt unversehrt."

Marx als Kritiker der Pressezensur

Es entbehrt – angesichts der engherzigen Zensurpolitik der späteren Marxisten-Leninisten – nicht einer gewissen Komik (oder Tragik), wenn die ersten 75 Seiten der Marx-Engels-Ausgabe der SED ausschließlich mit zwei umfangreichen Texten von Marx zur Kritik der Pressezensur gefüllt sind. Beide mußten – mit Rücksicht auf die Zensur – anonym erscheinen. In beiden verteidigt Marx vehement und literarisch glänzend die vollständige Meinungs- und Pressefreiheit als wichtige Bestandteile einer demokratischen und liberalen Verfassung. Satz für Satz nimmt er in seinen „Bemerkungen über die preußische Zensurinstruktion" diese romantisch-reaktionäre Verlautbarung der preußischen Regierung unter die Lupe und weist ihren reaktionären Charakter nach. Der Zensor, heißt es jetzt, „soll ... keine ernsthafte und bescheidene Untersuchung der Wahrheit hemmen". Dazu stellt er fest: „Beide Bestimmungen weisen die Untersuchung nicht auf ihren Inhalt, sondern vielmehr auf etwas, das außer ihrem Inhalt liegt ..." Das Gesetz befiehlt weiter, daß „der Stil *bescheiden* sei". „Ernsthaft und bescheiden! Welche schwankenden, relativen Begriffe! Wo hört der Ernst auf, wo fängt der Scherz an? Wir sind auf die Temperamente des Zensors angewiesen ... Wollt ihr konsequent sein, in eurer ästhetischen Kritik, so verbietet auch, allzu ernsthaft und allzu bescheiden die Wahrheit zu untersuchen, denn die allzu große Ernsthaftigkeit ist das Allerlächerlichste, und die allzu große Bescheidenheit ist die bitterste Ironie" (MEW 1,5–7). Man kann das, was hier verlangt wird, auch einfacher sagen: „Wahrheit ist, was die Regierung anordnet." Charakteristisch für die Politik des Romantikers auf dem Throne, Friedrich Wilhelm IV., ist, daß „die der Akademie der Wissenschaften und der Universität bisher verliehene Zensurfreiheit auf 5 Jahre suspendiert wird" (8).

Ausdrücklich soll alles, was „wider die christliche Religion im allgemeinen oder wider einen bestimmten Lehrbegriff auf eine frivole feindselige Weise gerichtet ist", unterbunden werden. Mit dem „bestimmten Lehrbegriff" – nimmt Marx an – kann in Preußen nur der „lutherisch-christliche" gemeint sein, damit müsse dieser Staat zu seinen katholischen Bürgern in Widerspruch treten! Überhaupt erscheint es Marx eine „unerträgliche, ja eine irreligiöse Anmaßung, weltlich bestimmen zu wollen, wie eine Religion innerhalb der Politik aufzutreten habe". Wer sich nämlich – wie die christliche preußische Monarchie – „mit der Religion verbünden will ... muß ihr in allen Fragen die entscheidende Stimme einräumen, oder versteht ihr vielleicht unter Religion den Kultus eurer eignen Unumschränktheit und Regierungsweisheit?" (13)

Die Forderung nach „Bescheidenheit und Ernsthaftigkeit der Untersuchung" macht „die *Tendenz* ... zum Hauptkriterium" (13). Autoren, deren Stil zur Vermutung einer schlechten Tendenz Anlaß gibt, sind zu verbieten, so lautet in etwa die Instruktion. „Der Schriftsteller ist also dem furchtbarsten Terrorismus, der Jurisdiktion des Verdachts anheimgefallen. Gesetze, die keine *objektive Norm* geben, sind *Gesetze des Terrorismus,* wie sie die Not des Staates unter Robespierre und die Verdorbenheit des Staates unter den römischen Kaisern erfunden hat" (14). Wenn man weiß, daß einige Jahre später Marx wie Engels Robespierres Jakobinerherrschaft entschieden verteidigt haben, erscheint diese – Robespierre in Schutz nehmende – Bemerkung vergleichsweise schwach. 1842 war Marx noch ein eindeutiger Anhänger des freiheitlichen Rechtsstaates. Seine, wenn auch schwache, Hoffnung geht noch auf die Reform des Staates in Richtung auf ein konstitutionelles Königtum, allenfalls auf eine republikanische Verfassung.

Indem die Instruktion dem Zensor aufgibt, „die Gesinnung einzelner oder ganzer Klassen zu verdächtigen ... und ... alle Staatsbürger in verdächtige und unverdächtige einzuteilen, in wohlmeinende und übelmeinende ...", wird der Zensor angehalten, sich auf „das *Spionieren* durch schlecht unterrichtete und übelwollende Individuen zu verlassen" und das „Urteil in die Sphäre der subjektiven Meinung oder Willkür" herabzuziehen (16).

Während bisher Zeitungsredakteure bzw. deren Verleger eine Geldkaution hinterlegen mußten, sollen jetzt der moralische Charakter und die Bildung dieser Person Voraussetzung der Genehmigung für die Gründung einer Zeitung sein. Wiederum tritt subjektive Willkür an die Stelle eines objektiven, nachprüfbaren Kriteriums.

Gleich in der ersten Artikelserie, mit der sich Marx bei der „Rheinischen Zeitung" einführt, berichtet er kritisch über die Verhandlungen des Rheinischen Landtags über „Pressefreiheit und Publikation". Der heutige Leser staunt, wieviel Platz damals einem Journalisten für dieses Problem eingeräumt wurde! Fünf Artikel von fast 50 Druckseiten (in der Buchausgabe) darf Marx diesem Thema widmen. Sie erscheinen zwischen dem 5. Mai und dem 19. Mai.

Die Thematik „Zensur" mußte Marx in dieser Zeit naheliegen, da „seine" Zeitung von Anfang an unter der Drohung des Verbots und der verschärften Zensur stand. Vermutlich trug diese bekannte Tatsache eher zur Popularität des Blattes bei. Mehrere Artikel – vor allem die von Karl Marx – wurden nachgedruckt und in anderen Zeitungen ausführlich kommentiert. Mit der leicht klerikal-katholisch orientierten „Kölnischen Zeitung" kam es zu polemischen Auseinandersetzungen, bei denen Marx vorsichtig vorging, um die katholischen Abonnenten der „Rheinischen Zeitung" nicht zu verlieren. Auch hätten gegenüber der romantisch-pietistischen preußischen Regierung unter Wilhelm IV. beide Zeitungen in einer Front stehen können. Die Konkurrenz um Abonnenten wog vermutlich schwerer als die inhaltlichen Gegensätze.

Die Debatten im 6. rheinischen Landtag über die neue Zensurinstruktion der preußischen Regierung referierte Marx ebenso detailliert wie wenig später die über das sogenannte „Holzdiebstahlsgesetz". In beiden Fällen ging er nacheinander die Voten der verschiedenen Stände kritisch durch: vom Fürstenstand über die „Ritter" bis zu den Bauern und Stadtbürgern. Die Fürsten kehren am deutlichsten ihr Privatinteresse am Eigentum – auch des Fallholzes (das man damals „Raffholz" nannte) in ihren Wäldern – heraus. Was die Presse anlangt, so ist in ihren Augen eine Zensur immer noch besser als die freie Presse. Positivistisch – im Sinne der historischen Rechtsschule (die sie vermutlich gar nicht kennen) – ist den Fürsten „jede Freiheitsschranke ... ein faktischer ... unumstößlicher Beweis, daß ... man die Freiheit beschränken ... müsse" (34). Auf die gleiche Weise – meint Marx – hätte man auch die ewige Legitimität der Leibeigenschaft „beweisen" können.

„Der Redner aus dem Ritterstande" „bestreitet in *der Preßfreiheit die menschliche Freiheit,* im *Preßgesetz das Gesetz...*" (41). Das (vernünftige) Gesetz ist für Marx in dieser Phase seiner geistigen Entwicklung – mit Hegel – *Ausdruck und Garantie der vernünftigen Freiheit der Bürger* (citoyens). Ihm widerspricht vor allem jedes *Privileg,* jede Ausnahme vom allgemeinen Gesetz. Aus diesem Grunde darf auch das Recht, über die Publikation der Verhandlungen der Landstände zu entscheiden, nicht den *Landständen* übertragen sein, wie der Redner verlangt und offen zugibt: „Wir ... würden (die Publikation) eintreten lassen, da *wo wir es für zweckmäßig erachten* und sie *beschränken, wo uns eine Ausdehnung zwecklos oder gar wohl schädlich erschiene*" (42).

Diese Haltung beschreibt Marx wie folgt: „Wir werden tun, was wir wollen. Sic volo, sic iubeo, stat pro rationae voluntas" („So will ich's, so befehl ich's, als Grund genügt (mein) Wille"). Mit diesem Zitat aus Juvenals Satiren unterstreicht Marx die autoritäre Arroganz des Redners.

Bei Juvenal bekräftigt dieser Ausspruch den Befehl, einen Sklaven ohne jeden Schuldbeweis zu töten. Im Gegensatz zu der Meinung des Redners aus dem Ritterstand insistiert Marx darauf, daß „die unverkürzte Publikation der Landtagsverhandlungen ... in ihrem wahren konsequenten Sinne nichts anderes sein (kann) als die volle Öffentlichkeit des Landtags" (44). – Mit „komischem Ernst und melancholischer Würde und beinahe religiösem Pathos" entwickelt der Redner aus dem Ritterstande „die hohe Weisheit der Landstände" und „ihre mittelalterige Freiheit und Selbständigkeit", „in der Frage der Preßfreiheit" ist er dagegen von der „durchgängigen Unweisheit des Menschengeschlechts ... von der prinzipiellen Unfreiheit und Unselbständigkeit der menschlichen Natur" überzeugt, die „erst von oben" entsprechende Belehrung empfangen muß (47). Freiheit ist für „diese Herren ... nicht als natürliche Gabe ... der Vernunft, sondern als übernatürliches Geschenk einer besonders günstigen Konstellation der Sterne (zu) verdanken" (47).

Die Paradoxie der staatlichen Zensur wird noch deutlicher, wenn man die „staatlichen Publikationen" ansieht, die natürlich nicht zensiert werden dürfen, aber doch in einer freien Gesellschaft von den übrigen Publikationen kritisiert werden müßten. Für die Staatszeitung gibt es keine Zensur, sie ist frei. „Kein Mensch bekämpft die Freiheit: er bekämpft höchstens die *Freiheit der anderen.* Jede Art der Freiheit hat daher immer existiert, nur einmal als besonderes Vorrecht, das andere Mal als allgemeines Recht" (51). In Preußen soll die Pressefreiheit offenbar zum Privilegium der Staatszeitung – also einzelner, privilegierter Personen – werden, nicht aber die „Freiheit des Geistes" gelten. Es gibt demnach „zwei Arten von Presse", eine zensierte und eine freie, „eine von beiden muß die gute oder die schlechte Presse sein. Eben darüber wird ja debattiert ... ob es dem Wesen der Presse entspricht, eine freie oder unfreie Existenz zu haben. Die schlechte Presse zur Widerlegung der freien Presse machen, ist behaupten, daß die freie Presse schlecht und die zensierte gut sei, was eben zu beweisen war" (53). In Wirklichkeit gibt es gute freie Zeitungen – aber gelegentlich auch schlechte, die damit ihrem Wesen widersprechen. Unter Umständen auch einmal gute zensierte Zeitungen, die aber eine untypische Ausnahme bilden. „Das Wesen der freien Presse ist das charaktervolle, vernünftige, sittliche Wesen der Freiheit. Der Charakter der zensierten Presse ist das charakterlose Unwesen der Unfreiheit, sie ist ein zivilisiertes Ungeheuer, eine parfümierte Mißgeburt" (54).

Wie schon Eduard Gans rechtfertigt auch Hegel 1842 den Kampf der Publizisten und Publikationen als Medium der schrittweisen Verwirklichung vernünftiger Aufklärung. Durch die Zensur wird dieser heilsame Kampf nicht aufgehoben, wohl aber verfälscht, weil es nicht mehr um freie geistige Auseinandersetzung geht, sondern um „Kritik als Monopol der Regierung", eine „Kritik, die [als Zensur, I. F.] nicht offen, sondern geheim, nicht theoretisch, sondern praktisch" verfährt, „nicht *über* den Parteien" steht, „sondern selbst eine Partei" ist (55). Marx tritt für ein Pressegesetz ein, das von der prinzipiellen Freiheit der Presse ausgeht und einzelne – der Strafe unterliegende – „Pressevergehen" aufführt. Für diese wird sich ein Autor (und Redakteur) vor einem ordentlichen Gericht verantworten müssen. Es geht um exakt definierte Tatbestände, nicht um Meinungen, Tendenz, Verdacht. Ankläger, Richter und Verteidiger sind unterschiedene Instanzen. Im Zensor aber fallen alle drei Funktionen (und oft noch dazu die des „Denunzianten") in einer Person zusammen. „Das Zensurgesetz ist ein Verdachtsgesetz gegen die Freiheit. Das Pressegesetz ist ein Vertrauensvotum, das die Freiheit sich selbst gibt. Das Pressegesetz bestraft den *Mißbrauch der Freiheit.* Das *Zensurgesetz* bestraft die *Freiheit* als einen *Mißbrauch*" (57).

Zutreffend stellt Marx schon fest, daß die Unterdrückung der freien Meinung durch die Presse das Gegenteil von dem beabsichtigten Zweck erreicht: „Die Zensur macht jede verbotene Schrift, sei sie schlecht oder gut, zu einer außerordentlichen Schrift, während die Preßfreiheit jeder Schrift das materiell Imposante raubt" (60). Das Schicksal mancher Autoren aus der ehemaligen DDR nach deren Untergang hat diese Feststellung bestätigt.

In Nordamerika findet man „das Naturphänomen der Preßfreiheit in seinen reinsten, naturgemäßesten Formen", aber wenn es dort „große historische Grundlagen der Preßfreiheit" gibt, dann gibt es diese Grundlagen hier erst recht, denn „welches Volk in der Welt kann sich dieser unmittelbarsten historischen Grundlagen der Preßfreiheit rühmen wie das deutsche Volk?" (63)

Interessant ist die Argumentation der Stadtbürger, die sich für die Pressefreiheit einsetzen. Sie müsse gewährt werden, weil es sich um die *„allgemeine Gewerbefreiheit"* handele. Auch wenn das Marx schließlich kritisiert, erblickt er in diesem Argument dennoch einen Fortschritt gegenüber den moralisierenden Rechtfertigungen der Zensur. Es ist aber – in seinen Augen – widerspruchsvoll, wenn man eine Art der Freiheit, eine spezifische Art, nämlich die Gewerbefreiheit, zum Allgemeinbegriff aller Freiheiten macht: „Die *Gewerbefreiheit* ist eben die Gewerbefreiheit und keine andere Freiheit, weil in ihr die *Natur des Gewerbes* sich ungestört seiner inneren Lebensregel gemäß gestaltet; die *Gerichtsfreiheit* ist die Gerichtsfreiheit, wenn die Gerichte den eigenen eingeborenen Gesetzen des Rechts, nicht denen einer anderen Sphäre, etwa der Religion, Folge leisten. Jede bestimmte Sphäre der Freiheit ist die Freiheit einer bestimmten Sphäre, wie jede bestimmte Weise des Lebens die Lebensweise einer bestimmten Natur ist" (69).

Das „Holzdiebstahlsgesetz"

Zwischen dem 25. 10. und dem 3. 11. 1842 berichtet Marx über die Debatten über das Holzdiebstahlsgesetz im Rheinischen Landtag. Auch diese Artikelserie umfaßt rund 40 Druckseiten in der Werkausgabe. Es geht dabei darum, daß die bisher als „Gewohnheitsrecht" akzeptierte Entnahme von „Raffholz", das abgestorben am Boden liegt, durch eine neue gesetzliche Bestimmung als Diebstahl verboten werden soll. Wieder geht Marx nacheinander die Voten der Stände durch, betont aber vor allem seine eigene Rechtsposition. Der Armut „vindiziert" Marx „das Gewohnheitsrecht ... in allen Ländern". „Wir gehen noch weiter und behaupten, daß das

Gewohnheitsrecht seiner Natur nach nur *das Recht dieser untersten besitzlosen und elementarsten Masse sein kann*" (MEW 1, 115). Im Gegensatz zum Gewohnheitsrecht des privilegierten Adels, das auf der Behauptung einer unnatürlichen Ungleichheit beruht, sei dieses Gewohnheitsrecht der Armen universal und gleichsam von Natur gegeben. Im Unterschied zum Tier ist der Mensch frei und seinen Mitmenschen gleich, während die Tiere unfrei und nur innerhalb ihrer jeweiligen Art „gleich" sind. Die historisch existierenden Ständeunterschiede widersprechen damit dem Wesen der gleichen Freiheit aller Menschen. Die „vornehmen Gewohnheitsrechte sind daher Gewohnheiten wider den Begriff des vernünftigen Rechts ... ihr Inhalt sträubt sich gegen die gesetzliche Form", während die Gewohnheitsrechte der Armen sich nur „gegen ihre eigene Formlosigkeit" sträuben. Recht und Gesetz versteht Marx hier immer im Sinne von Hegel als vernünftig und rational.

Das Interesse der Waldbesitzer ist partikular und damit begrenzt, das der Besitzlosen dagegen universal und unbegrenzt. Wenn die Waldbesitzer ein Eigentumsrecht auch an dem „Raffholz" beanspruchen, dann verhalten sie sich ungerecht und widernatürlich. Die Natur selbst (die Bäume) hat ja dieses Holz abgeworfen, gleichsam ausgeschieden. Die Armen, die ebenso aus der Ständegesellschaft ausgestoßen sind wie das abgefallene Holz von den Bäumen, erkennen in dieser Analogie instinktmäßig das ihnen zufallende Aneignungsrecht. Die Forderungen der höheren Stände gehen so weit, daß sie nicht nur Ersatz für das „entwendete Raffholz", sondern auch noch zusätzlich Geldstrafen von den „Dieben" verlangen. Der Wert des „gestohlenen Raffholzes" aber soll von den angestellten Waldhütern der Fürsten und Adligen taxiert werden. Am besten wäre es – bemerkt ein Redner –, wenn diese Waldhüter und Förster nicht auf Lebenszeit angestellt wären, sondern kündbare Dienste verrichteten. Das würde ihr Interesse noch enger an das der Waldeigentümer binden.

Erica Sherover-Marcuse, die sich nach Heinz Lubasz als einzige ausführlich mit den Artikeln von Marx zum „Holzdiebstahlsgesetz" beschäftigt hat, weist darauf hin, daß Marx den außerhalb der Ständegesellschaft stehenden Armen eine spezifische Erkenntnismöglichkeit zugeschrieben hat. Sie allein sind nämlich frei von Partikularinteressen, wie sie die Privateigentümer haben. Deshalb können sie in ihrer Beanspruchung des Gewohnheitsrechts unvermittelt das Vernünftige und Allgemeine (das Recht) intendieren. Erica Sherover-Marcuse sieht in dieser Auffassung – in Kombination mit Robespierres Annahme des „guten Armen" – eine problematische Ontologisierung der Armen als Träger eines emanzipatorischen Bewußtseins. Im Unterschied zu Robespierre habe Marx – jedenfalls 1842 – auch keinen moralischen Erziehungsbedarf für diese Armen gesehen. Im letzten Absatz seiner Artikelserie spielt er mit dem Wort „Fetisch", das später in seiner dialektischen Kritik des Geldes und des Kapitals eine zentrale Rolle spielen wird. Diese erste Erwähnung eines zentralen Begriffs in der kritischen Theorie des reifen Marx verdient festgehalten zu werden, weil es drastischer als sonst die Relevanz dieses Begriffes demonstriert: „Die Wilden von Kuba hielten das Gold für den Fetisch der Spanier. Sie feierten ihm ein Fest und sangen um ihn und warfen es dann ins Meer. Die Wilden von Kuba, wenn sie der Sitzung der rheinischen Landstände beigewohnt, würden sie nicht das Holz für den Fetisch der Rheinländer gehalten haben? Aber eine folgende Sitzung hätte sie belehrt, daß man mit dem Fetischismus den Tierdienst verbindet, und die Wilden von Kuba hätten die Hasen ins Meer geworfen, um die Menschen zu retten" (304). Die später von Marx als „revolutionär" apostrophierte Gesellschaftsklasse besteht nicht aus den Armen, sondern aus dem Industrieproletariat. Die Annahme, daß ihm eine besondere menschliche Qualität (eine „ontologische" Eigenschaft) zugeschrieben werde, haben manche Formulierungen von Marx gewiß nahegelegt, sein eigentliches Argument lautet aber, daß es dem gemeinsamen Interesse dieser Klasse entspricht, die kapitalistische Klassengesellschaft zu überwinden. Die von ihm für notwendig gehaltene „Erziehung" des Proletariats sollte aber – anders als die moralische Erziehung, die Robespierre den „Armen“ angedeihen lassen wollte – ausschließlich in der Bewußtmachung ihres gemeinsamen Interesses bestehen. Gemeinsam ist letztlich beiden – den aus der Ständegesellschaft ausgeschlossenen Armen und dem späteren Industrieproletariat –, daß sie keine in die jeweilige Gesellschaft integrierte Subjekte sind. Ihr Außenseitertum vermittelt ihnen eine Erkenntnischance, die freilich aktiv benützt werden muß und für deren Nutzung es einer Anleitung (durch theoretisch gebildete Intellektuelle) bedarf.

Erica Sherover-Marcuse hat in ihrer Arbeit „Emancipation and Consciousness“ die Vermutung geäußert, daß in der Unterstellung eines ontologisch begründeten Erkenntnisprivilegs der „Armen“ eine bedenkliche Weichenstellung für die Entstehung eines dogmatischen Glaubens an die emanzipatorische Rolle des Proletariats enthalten sei, eine Weichenstellung, die zur Möglichkeit eines diktatorischen Verhaltens marxistischer Politiker beigetragen haben könnte.

Daß Marx sich in den Jahren 1841 bis 1844 intensiv mit der Bedeutung der Meinungsfreiheit, der Pressefreiheit und der Toleranz beschäftigt hat, geht auch aus einer Reihe von Exzerpten hervor. Besonders bemerkenswert sind einige Abschnitte aus Spinozas „theologisch-politischem Traktat“, die er schon 1841 in Berlin (lateinisch) abgeschrieben und kommentiert hat. Wie in seinen Artikeln über die Pressefreiheit hebt Marx auch hier die schädlichen Konsequenzen der Unterdrückung freier Rede und Schrift hervor: „Gesetze, die man über Meinungen erläßt, richten sich folglich nicht gegen Verbrecher, sondern gegen freiheitlich Gesinnte; man erläßt sie nicht, um Übelwollende in Schranken zu halten, sondern eher, um die Anständigen zu provozieren, und sie lassen sich nicht ohne große Gefahr für den Staat durchsetzen.“ Die verhängnisvollen Auswirkungen staatlicher Intoleranz schildert schon Spinoza höchst drastisch: *„Was … ist verderblicher, als daß Menschen* nicht wegen eines Verbrechens oder einer Untat, sondern *weil sie freiheitlich gesinnt sind, als Staatsfeinde* gelten?“ „Damit also nicht Kriecherei, sondern Aufrichtigkeit in Ehren steht, damit die Staatsgewalt die Zügel der Regierung fest in der Hand hält und nicht gezwungen wird, Aufrührern nachzugeben, muß notwendigerweise die *Freiheit des Urteils zugestanden werden.*" In Wahrheit seien nämlich „die die Unruhestifter, welche in einem freien Staat die Freiheit des Urteils, die nicht unterdrückt werden kann, dennoch aufheben wollen..." In diesem Fall werden „Schmeichler und Intriganten begünstigt, und die Gegner [der Freiheit, I. F.] triumphieren, wenn man ihrem Fanatismus nachgegeben hat und weil sie die *Inhaber der Staatsgewalt zu Parteigängern der Lehre, als deren Ausleger sie gelten, gemacht haben*" (MEGA IV Abtlg. Bd. 1, 782 f.).

4. Der Weg in die Freiheit. Paris. „Die Deutsch-Französischen Jahrbücher"

Nach dem Verbot der „Rheinischen Zeitung" am 1.4.1843 bemüht sich Marx um eine andere Tätigkeit und plant zunächst, in der Schweiz eine Zeitschrift herauszugeben. Arnold Ruge eröffnet ihm schließlich die Möglichkeit, in Paris die „Deutsch-Französischen Jahrbücher" zu veröffentlichen, die u.a. wegweisende Arbeiten von Marx, Engels, Moses Hess und Heinrich Heine enthalten. Bevor er Deutschland verläßt, heiratet Marx in Bad Kreuznach, wo nach dem Tod Ludwig von Westphalens dessen Witwe vorübergehend lebte. Damit hat er dieses sehnsüchtig erstrebte Ziel – gegen erhebliche Widerstände des Halbbruders von Jenny, Edgar von Westphalen, und Einwände seiner eigenen Mutter – endlich erreicht. Eine lebenslange emotionale und intellektuelle Gemeinschaft zwischen dem revolutionären Denker und der engagierten Anhängerin der politischen Auffassungen ihres Mannes beginnt.

Von Oktober 1843 bis Februar 1845 bleibt Marx in Paris und widmet sich einem intensiven Studium ökonomischer, sozialistischer und historischer Texte. Vor allem beteiligt er sich an Debatten in Kreisen radikaler Demokraten und verschiedener Gruppen französischer und deutscher Sozialisten. Heinrich Heine lernt ihn kennen und tritt – wenn auch mit leisem Vorbehalt – für diese „jungen Doktoren der Revolution" ein. Er begegnet wieder Friedrich Engels, der ihn schon in Köln besucht hatte, und schließt mit ihm eine lebenslange persönliche und politische Freundschaft.

Engels' „Umrisse zu einer Kritik der Nationalökonomie" vermittelt Marx wesentliche Anstöße zur Auseinandersetzung mit der klassischen Wirtschaftswissenschaft. Neben den Beiträgen zu den

„Deutsch-Französischen Jahrbüchern“ veröffentlicht Marx Artikel für die in Paris erscheinende Zeitung „Vorwärts“. Von Anfang an hat die preußische Regierung auch im Ausland ein Auge auf den radikalen Redakteur aus Köln und erreicht schließlich auch dessen Ausweisung. Von Februar 1845 bis März 1848 kann Marx in Brüssel bleiben, dann erreicht ihn eine Einladung des Mitglieds der provisorischen französischen Regierung Ferdinand Floron, nach Paris zurückzukommen. Das erleichtert es ihm, der von der belgischen Regierung ausgesprochenen „Verfügung, Belgien binnen 24 Stunden zu verlassen“, nachzukommen. Im April 1848 kehrt er – zusammen mit Friedrich Engels und anderen – nach Deutschland zurück, um die Revolution publizistisch mit der „Neuen Rheinischen Zeitung“ zu unterstützen.

Arbeiten in den „Deutsch-Französischen Jahrbüchern“

Die Jahrbücher werden mit einem großartigen Briefwechsel zwischen Marx, Ruge, Bakunin und Feuerbach eröffnet. Im ersten Brief schreibt Marx von Holland aus, wie sehr er sich angesichts dieses freiheitlichen Volkes als Deutscher schämt: „Der kleinste Holländer ist noch ein Staatsbürger gegen den größten Deutschen.“ „Sie sehen mich lächelnd an und fragen: was ist damit gewonnen? Aus Scham macht man keine Revolution. Ich antworte: *Die Scham ist schon eine Revolution;* sie ist wirklich der Sieg der französischen Revolution über den deutschen Patriotismus, durch den sie 1813 besiegt wurde. *Scham ist eine Art Zorn, der in sich gekehrt.* Und *wenn eine ganze Nation sich wirklich schämte, so wäre sie der Löwe, der sich zum Sprunge in sich zurückzieht.* Ich gebe zu, sogar die Scham ist in Deutschland noch nicht vorhanden...“ Aber das werde den Deutschen nichts nützen, der Sturm der Geschichte werde das Staatsschiff doch der Revolution entgegentreiben (MEGA 1,557). In seinem zweiten Brief geht es Marx um die Erweckung des Freiheitsgefühls der Deutschen, deren Philistertum sie zur Hinnahme des romantisch verbrämten Absolutismus verleitet habe. Als seine Untertanen ein wenig Gebrauch von der ihnen eingeräumten Freiheit gemacht hatten, habe der König – von seinen eifrigen Dienern gewarnt – sofort die Meinungsfreiheit wieder vollständig unterdrückt. „Der König täte nicht wohl", meinten diese Diener, „seine Untertanen zu unnützen Reden zu verleiten, Sie würden das Geschlecht der redenden Menschen nicht regieren können". Dieser Meinung sei auch der russische Zar, den Marx gern „Herr aller Hinterrussen" nennt, gewesen. Auf dessen dringenden Wunsch war vermutlich auch das Verbot der „Rheinischen Zeitung" erfolgt. Um die schläfrigen deutschen Philister aufzuwecken, fordert Marx in seinem dritten Schreiben (aus Kreuznach) „die rücksichtslose Kritik alles Bestehenden", unter anderem auch des „dogmatischen Kommunismus", wie er von „Cabet, Dézamy, Weitling etc." vertreten wird. „Dieser Kommunismus ist selbst nur eine aparte, von seinem Gegensatz, dem Privatwesen, infizierte Erscheinung des humanistischen Prinzips. Aufhebung des Privateigentums und Kommunismus sind daher keineswegs identisch, und der Kommunismus hat andere sozialistische Lehren, wie die von Fourier, Proudhon etc., nicht zufällig, sondern notwendig sich gegenüber entstehen sehen, weil er selbst nur eine besondere, einseitige Verwirklichung des sozialistischen Prinzips ist. Und das ganze sozialistische Prinzip ist wieder nur die eine Seite, welche die Realität des *wahren menschlichen Wesens betrifft.* Wir haben uns ebensowohl um die andere Seite, um die theoretische Existenz des Menschen zu kümmern, also Religion, Wissenschaft etc. zum Gegenstande unserer Kritik zu machen" (573 f.).

Aus diesen Sätzen wird deutlich, daß sich Marx zwar mit den verschiedenen kommunistischen und sozialistischen „Schulen" schon beschäftigt hat, zugleich aber deren Einseitigkeit und Begrenztheit kritisch wahrnimmt. In erster Linie geht es ihm zunächst um eine Herausarbeitung der immanenten Widersprüchlichkeit des politischen Staates, der „innerhalb seiner Form sub specie publicae alle sozialen Kämpfe, Bedürfnisse, Wahrheiten aus"(-drückt). Es ist daher nicht ausreichend, wenn man nur den Unterschied zwischen dem veralteten Ständestaat und dem modernen Repräsentativstaat herausarbeitet. Wenn man nämlich „das repräsentative System aus seiner politischen Form *zur allgemeinen Form* erhebt, und die wahre Bedeutung, die ihm zugrunde liegt, geltend macht, zwingt man zugleich diese Partei, über sich selbst hinauszugehen, denn ihr Sieg ist zugleich ihr Verlust" (574). Es geht Marx offenbar darum, aus dem zu Ende gedachten Prinzip der politischen Demokratie die Umrisse einer radikalen „menschlichen Emanzipation", ein Konzept der umfassenden menschlichen Freiheit, abzuleiten. Diesen Gedanken wird er in der Folge mehrfach variieren und präzisieren. Hier endet sein Aufruf zunächst mit den emphatischen Worten: „Wir treten ... der Welt nicht doktrinär mit einem neuen Prinzip entgegen: hier ist die Wahrheit, hier kniee nieder! Wir entwickeln der Welt aus den Prinzipien der Welt neue Prinzipien. Wir sagen ihr nicht: laß ab von deinen Kämpfen, sie sind dummes Zeug; wir wollen dir die wahre Parole des Kampfes zuschreien. Wir zeigen ihr nur, warum sie eigentlich kämpft, und das Bewußtsein ist eine Sache, die sie sich aneignen muß, wenn sie auch nicht will..." „Unser Wahlspruch muß also sein: *Reform des Bewußtseins* nicht durch Dogmen, sondern durch Analysierung des mystischen, sich selbst unklaren Bewußtseins, trete es nun religiös oder politisch auf. Es wird sich dann zeigen, daß die Welt längst den Traum von einer Sache besitzt, von dem sie nur das Bewußtsein besitzen muß, um sie wirklich zu besitzen" (575).

Es folgt die Schrift „Zur Judenfrage", eine Arbeit, die zu vielen Mißdeutungen geführt hat, weil – vor allem im zweiten Teil – Marx die Juden einseitig mit „Schacher" und Geschäftsgeist identifiziert, also populäre Klischees und Vorurteile zu bedienen scheint. Dazu muß zunächst daran erinnert werden, daß es sich um die kritische Rezension einer Schrift von Bruno Bauer handelt, in der dieser verlangt hatte, daß sich die Juden, um Staatsbürger zu werden, von ihrer Religion loslösen müßten. Marx weist zunächst einmal nach, daß diese Notwendigkeit in einem wirklich modernen demokratischen Staat wie „den nordamerikanischen Freistaaten" nicht besteht: Nur in dem *rückständigen christlichen* Preußischen Staat mit einer de facto Staatsreligion und auch in Frankreich, dessen Verfassung eine „Konfession der Mehrheit" kennt, könne eine solche Forderung Sinn haben. In den USA hat die „Judenfrage" ihre theologische Bedeutung verloren, da der Staat vollends aufgehört hat, „theologisch" zu sein. Paradoxerweise blüht aber gerade in diesem Staat die Religion in zahlreichen Kirchen und Sekten, wie Gustave de Beaumont festgestellt hat.

Die politische Emanzipation der Juden – wie der Christen übrigens – besteht darin, daß der Staat die Religion zur „Privatsache" seiner Bürger macht. Er abstrahiert von der religiösen Orientierung seiner Bürger, wie er von ihren sonstigen Eigenschaften und Tätigkeiten abstrahiert. Die „konkreten" Angehörigen der bürgerlichen Gesellschaft gehen unterschiedlichen Berufen nach, verfügen über unterschiedlichen Besitz, haben unterschiedliche Überzeugungen usw. – das alles geht den Staat als Staat nichts an. Als Staatsbürger (citoyens) sind die Menschen sozusagen abstrakte, eigenschaftslose Individuen. Der „vollendete politische Staat" kümmert sich nicht um die Religion und ermöglicht ihr sogar – wie die USA zeigen – eine „lebensfrische, lebenskräftige Existenz". Da aber – für Marx wie für Bruno Bauer und Ludwig Feuerbach – die Religion „das Dasein eines Mangels" ist, befreit der politische Staat die Menschen nicht von diesem Mangel (und kann auch nicht von ihnen verlangen, sich von ihm zu befreien). Die „religiöse Beschränktheit" bleibt im vollendeten politischen Staat bestehen. Da aber – wie Marx ausführlicher an anderer Stelle argumentiert – die Religion nur der Ausdruck eines dem Leben zugrunde liegenden Mangels ist, kommt es darauf an, diese „weltliche Schranke", diese „weltlichen Mängel" aufzuheben, wenn die religiöse Beschränktheit aufgehoben werden soll. Über die politische Emanzipation muß eine „menschliche Emanzipation" hinausführen, die den Menschen ein „wahres", mit ihren Mitmenschen verbundenes, „gutes Leben" ermöglicht. Erst dann werden sie nicht mehr genötigt sein, sich einen „jenseitigen Himmel“ zu imaginieren.

Immerhin ist „die politische Emanzipation … ein großer Fortschritt, sie ist zwar nicht die letzte Form der menschlichen Emanzipation überhaupt, aber sie ist die letzte Form der menschlichen Emanzipation innerhalb der bisherigen Weltordnung. Es versteht sich: wir sprechen hier von wirklicher, praktischer Emanzipation“ (585). Im modernen Staat sind die Menschen gewissermaßen „gespalten“ zwischen ihrer sinnlich-konkreten Existenz als Bourgeois (Bauern, Adlige, Eigentümer, Gläubige usw.) und ihrer abstrakten (illusorischen) Existenz als Citoyens, als mit dem politischen Gemeinwesen verbundene Staatsbürger. Als Angehörige der bürgerlichen Gesellschaft konkurrieren sie untereinander und erblicken in ihren Mitmenschen Konkurrenten und potentielle Feinde, als Staatsbürger gehören sie einer imaginären (geistigen) politischen Gemeinschaft an. Den Gegensatz zwischen der bürgerlichen Gesellschaft und dem sie überwölbenden politischen Gemeinwesen hat Hegel in seiner Rechtsphilosophie dargestellt. Er hat die „Erhebung“ des sinnlich-egoistischen Einzelmenschen zum mit dem vernünftigen Staat sich identifizierenden Staatsbürger als befreiende Leistung des philosophierenden Individuums hingestellt.

Die Glieder des politischen Staates sind – nach Marx – „religiös“, weil sie in einem „Dualismus zwischen dem individuellen und dem Gattungsleben, zwischen einem Leben in der bürgerlichen Gesellschaft und dem politischen Leben“ existieren (590). Was Marx hier „religiös“ nennt, bezieht sich auf das „Jenseits“ – der politische Staat ist ebenso „jenseits“ gegenüber dem realen Alltagsleben der konkreten Menschen wie die religiöse Welt. „Christlich“ ist nach Marx die politische Demokratie, weil sie die Menschen „in ihrer zufälligen Existenz“, in „ihrer unkultivierten, asozialen Erscheinung“, „wie sie durch die ganze Organisation unserer Gesellschaft verdorben, veräußert, unter der Herrschaft unmenschlicher Verhältnisse und Elemente“ geworden sind, hinnimmt (a.a.O.). Menschen in dieser entfremdeten Existenz flüchten sich aber notwendig in religiöse Hoffnungen und Jenseitsträume.

Die bürgerliche Revolution löst den „politischen Staat" aus seiner Verbindung mit der Gesellschaft, mit Ständen, Korporationen, Innungen, Privilegien usw. heraus. Sie „zerschlug die bürgerliche Gesellschaft in ihre einfachen Bestandteile, einerseits in die Individuen, andererseits in die materiellen und geistigen Elemente, welche den Lebensinhalt der bürgerlichen Situation dieser Individuen bilden" (596). Damit ist die „feudale Gesellschaft" in „ihren Grund aufgelöst, in den Menschen ... wie er wirklich ihr Grund war, *in den egoistischen Menschen*" (598).

Dem „Staatsidealismus" steht damit als „materielle Basis" eine Gesellschaft von egoistischen Individuen gegenüber. Und Marx faßt mit eindrucksvollem rhetorischem Schwung dieses Bild zusammen: „Die politische Emanzipation ist die Reduktion des Menschen, einerseits auf das Mitglied der bürgerlichen Gesellschaft, auf das egoistische unabhängige Individuum, andererseits auf den Staatsbürger, auf die moralische Person." Das egoistische Individuum ist – und Marx orientiert sich an der klassischen Definition des Menschen als „zoon politikon" – eine „reale", aber „*unwahre*" Existenz. Die „moralische Person" des Staatsbürgers dagegen entspricht zwar dem „wahren", dem „sozialen", dem mit seinen Mitmenschen verbundenen Menschen, aber sie bleibt abstrakt, imaginär, unwirklich. Um diesen Zustand zu überwinden, muß „der wirkliche individuelle Mensch den abstrakten Staatsbürger in sich zurücknehmen und als individueller Mensch in seinem empirischen Leben, in seiner individuellen Arbeit, in seinen individuellen Verhältnissen, Gattungswesen" werden. Er muß „seine ‚forces propres'" (seine eigenen Kräfte, die er – nach Rousseau – an das Gemeinwesen enteignen mußte) „als gesellschaftliche Kräfte erkannt und organisiert" haben „und daher die gesellschaftliche Kraft nicht mehr in der Gestalt der politischen Kraft von sich" trennen; „erst dann wäre die menschliche Emanzipation vollbracht" (599). Was Marx hier beschreibt, wird er bald in anderen Texten Entfremdung nennen. Zunächst handelt es sich nur um die *„politische* Entfremdung“, die das egoistische Individuum in einen Gegensatz zum politischen Gemeinwesen, dem Staat, stellt. Im Anschluß an diese Diagnose gilt es aber für Marx, den Ursprung dieser Entfremdung in der Gesellschaft selbst, in der Arbeit und den sozialen Beziehungen der Individuen aufzuspüren.

Der kurze zweite Teil seines Artikels „Zur Judenfrage“ bringt eine erstaunlich ahistorische und irrige Identifikation der jüdischen Religion mit dem „Schacher“ zum Ausdruck. Schacher und Eigennutz seien „das Geheimnis der Religion im wirklichen Juden“ (601). Diese Religion könne daher nicht verschwinden, solange in der Gesellschaft Eigennutz und Schacher dominieren; „der Egoismus ist das Prinzip der bürgerlichen Gesellschaft... Der Gott des praktischen Bedürfnisses und Eigennutzes ist das Geld“ (603). Gott und Geld aber sind zwei analoge Formen der Entfremdung des menschlichen Wesens, „seiner Arbeit und seines Daseins, und dies fremde Wesen beherrscht ihn, und er betet es an“ (a.a.O.). Damit fällt allerdings auch der Unterschied zwischen Juden und Christen weg: „Das Christentum ist aus dem Judentum entsprungen. Es hat sich wieder in das Judentum aufgelöst. Der Christ war von vornherein der theoretisierende Jude, der Jude ist daher der praktische Christ, und der praktische Christ ist wieder Jude geworden“ (605). Abgesehen von dieser abenteuerlichen Gleichsetzung der jüdischen Religion mit dem Geist des Egoismus und des Schachers betont Marx hier noch einmal, daß die „religiöse Entfremdung“ mit der politischen Emanzipation erhalten bleibt und erst in dem Augenblick verschwinden wird, in dem „es der Gesellschaft gelingt, das empirische Wesen des Judentums, den Schacher und seine Voraussetzungen aufzuheben...“ (606). In einer Gesellschaft, in der es keinen Schacher mehr gibt, wird es auch keine (religiösen) Juden und ebensowenig (religiöse) Christen geben. Auf diese Konsequenz kommt es Marx allein an. Die abstoßend antisemitisch lautenden Formulierungen haben deshalb mit dem christlichen wie dem rassistischen Antisemitismus nichts zu tun.

Zur Kritik der Hegelschen Rechtsphilosophie

In seinem zweiten großen Beitrag zu den „Deutsch-Französischen Jahrbüchern“ setzt sich Marx mit Hegel und den Linkshegelianern auseinander. Er beginnt noch einmal mit der These, daß seit Ludwig Feuerbach die „Kritik der Religion“ die Voraussetzung aller Kritik“ sei (607), führt aber das religiöse Bewußtsein auf soziale Verhältnisse zurück, in denen Menschen sich nicht frei entfalten können. „Der Mensch macht die Religion, die Religion macht nicht den Menschen“, aber „der Mensch, das ist kein *abstraktes, außer der Welt hockendes Wesen.* Der Mensch, das ist die *Welt des Menschen,* Staat, Sozietät. Dieser Staat, *diese Sozietät produzieren die Religion,* ein verkehrtes Weltbewußtsein, weil sie *eine verkehrte Welt sind.*“ Und jetzt erst folgt die ernstzunehmende Charakterisierung der Religion durch den Atheisten Marx: „Die Religion ist die allgemeine Theorie dieser Welt, ihr enzyklopädisches Kompendium, ihre Logik in populärer Form, ihr spiritualistischer Point d'honneur, ihr Enthusiasmus, ihre moralische Sanktion, ihre feierliche Ergänzung, ihr *allgemeiner Trost- und Rechtfertigungsgrund.* Sie ist die *phantastische Verwirklichung des menschlichen Wesens, weil das menschliche Wesen keine wahre Wirklichkeit besitzt.* Der Kampf gegen die Religion ist also mittelbar der Kampf gegen jene Welt, deren geistiges Aroma die Religion ist“ (a.a.O.). Das religiöse Bewußtsein ist also nur ein Symptom, das von selbst verschwinden wird, wenn die Krankheit, die Unzulänglichkeit, für die sie ein Ausdruck ist, verschwindet. Noch einmal umschreibt Marx das Wesen der Religion: „das *religiöse Elend* ist in einem der *Ausdruck des* wirklichen Elends und in einem die *Protestation gegen das wirkliche Elend.* Die Religion ist der *Seufzer der bedrängten Kreatur,* das Gemüt einer herzlosen Welt, wie sie der Geist geistloser Zustände ist. Sie ist *das Opium des Volkes*“ (a.a.O.). Der letzte Satz wird oft falsch zitiert als „Opium fürs Volk“, so hätten radikale atheistische Aufklärer des 18. Jahrhunderts formuliert. Für sie waren Religionen „Priesterbetrug“ im Interesse der Festigung ihrer

Vormundschaft über unmündig gehaltene Gläubige. Marx ist insofern barmherziger, als er in der Religion auch einen verständlichen *Ausdruck des Leidens,* einen *Seufzer der Mühseligen* und *Beladenen* und sogar einen *Protest gegen ihr Elend diagnostiziert.*

Doch die Religionskritik ist nur die Einleitung. Entscheidend ist die Aufgabe, die Gesellschaft, das Diesseits, so zu verändern, daß Elend und Not verschwinden und damit die Religion überflüssig wird. Es geht um die Umgestaltung der sozialen Verhältnisse Deutschlands. Die Zustände in den deutschen Staaten sind aber „unter dem Niveau der Geschichte ... unter aller Kritik". In Frankreich und England ist schon der moderne Staat verwirklicht, in deutschen Staaten versucht man einen romantisch verklärten Halbfeudalismus und ein religiös verbrämtes Königtum aufrechtzuerhalten. Selbst mit einer Kritik der realen politischen Verhältnisse Deutschlands bliebe man daher noch unter dem Niveau einer fortschrittlichen Entwicklung. Allein „die deutsche Rechts- und Staatsphilosophie steht mit der offiziellen modernen Gegenwart al pari" (612). Hegels Rechtsphilosophie entspricht der politisch-sozialen Wirklichkeit außerhalb Deutschlands. „Das deutsche Volk muß daher diese seine Traumgeschichte mit zu seinen bestehenden Zuständen schlagen und nicht nur diese bestehenden Zustände, sondern zugleich ihre abstrakte Fortsetzung [in Hegels Rechtsphilosophie, I. F.] der Kritik unterwerfen." Seine Zukunft kann sich nicht, „auf die Verneinung seiner reellen Zustände" beschränken, „denn die unmittelbare Verneinung seiner reellen Zustände besitzt es in seinen ideellen Zuständen, und die unmittelbare Vollziehung seiner ideellen Zustände hat es in der Anschauung seiner Nachbarvölker beinahe schon wieder überlebt" (613). Nur wenn die Kritik an der „deutschen Rechts- und Staatsphilosophie" anknüpft, gelangt sie über die elende Gegenwart hinaus. Diese Kritik ist nämlich „sowohl die kritische Analyse des modernen Staats und der mit ihm zusammenhängenden Wirklichkeit als auch die entschiedene Verneinung der ganzen bisherigen Weise des deutschen politischen und rechtlichen Bewußtseins, dessen vornehmster, universellster, zur Wissenschaft erhobener Ausdruck ... die spekulative Rechtsphilosophie selbst ist ..." (a.a.O.). Weil es in Deutschland keine reale Möglichkeit einer bürgerlichen Revolution gab, konnte – aus der Distanz – nur eine theoretische Darstellung des modernen Staats und der bürgerlichen Gesellschaft entstehen. Die Hegelsche Rechts- und Staatsphilosophie ermöglicht, Aufgaben zu formulieren, deren Lösung allerdings nur durch die Praxis möglich ist. „Es fragt sich: Kann Deutschland zu einer Praxis à la hauteur des principes gelangen, d.h. zu einer Revolution, die es *nicht nur auf das Niveau* der modernen Völker erhebt, sondern *auf die menschliche Höhe, welche die nächste Zukunft dieser Völker sein wird?*" (614). Marx visiert hier offenbar eine Revolution an, die das rückständige Deutschland nicht nur auf das Niveau der modernen Staaten des Westens anhebt, sondern diese sogar noch überflügelt. Die Gedankenfiguren „die Letzten werden die Ersten sein" oder auch „der größere Abstand ermöglicht den weiteren Sprung" dürften den revolutionären deutschen Patrioten Marx beschwingt haben, wie viele nach ihm.

Die erwünschte radikale Revolution bedarf allerdings auch eines „passiven Elements", einer materiellen sozialen Grundlage. „Die Theorie wird in einem Volke immer nur so weit verwirklicht, als sie die Verwirklichung seiner Bedürfnisse ist ... Werden die theoretischen Bedürfnisse unmittelbar praktische Bedürfnisse sein? *Es genügt nicht, daß der Gedanke zur Verwirklichung drängt,* die *Wirklichkeit muß sich selbst zum Gedanken drängen*" (615 f.). Die in Deutschland nötige „radikale Revolution" kann nur „die *Revolution radikaler Bedürfnisse* sein". „Nicht die radikale Revolution ist utopischer Traum für Deutschland, nicht die allgemeine menschliche Emanzipation, sondern vielmehr die teilweise, die nur politische Revolution." Eine solche politische Revolution beruht darauf, „daß ein Teil der bürgerlichen Gesellschaft sich emanzipiert und zur allgemeinen Herrschaft gelangt, darauf, *daß eine bestimmte Klasse* ... die allgemeine Emanzipation der Gesellschaft übernimmt" (617). Dazu ist aber offensichtlich die schwache deutsche Bourgeoisie außerstande. In Frankreich hatte sie durch den Mund des Abbé Sièyes erklärt, daß sie „Alles werden wolle". Die deutschen Bourgeois sind – von „philisterhafter Mittelmäßigkeit" und „bescheidenem Egoismus" beseelt – außerstande, die politischen Verhältnisse zu verändern.

„Wo also ist die positive Möglichkeit der deutschen Emanzipation? Antwort: In der Bildung einer Klasse mit radikalen Ketten, einer Klasse der bürgerlichen Gesellschaft, welche keine Klasse der bürgerlichen Gesellschaft ist, eines Standes, welcher die *Auflösung aller Stände* ist, einer Sphäre, welche einen *universellen Charakter* durch ihre *universellen Leiden* besitzt und kein besonderes Recht in Anspruch nimmt, weil kein besonderes Unrecht, sondern *das* Unrecht schlechthin an ihr verübt wird, welche nicht mehr auf einen historischen, sondern nur noch auf *den menschlichen Titel* provozieren kann, welche in keinem einseitigen Gegensatz zu den Konsequenzen, sondern in einem allseitigen Gegensatz zu den Voraussetzungen des deutschen Staatswesens steht, einer Sphäre endlich, welche sich nicht emanzipieren kann, ohne sich von allen übrigen Sphären der Gesellschaft und damit alle übrigen Sphären der Gesellschaft zu emanzipieren, welche mit einem Wort *der völlige Verlust des Menschen ist,* also nur durch die völlige Wiedergewinnung des Menschen sich selbst gewinnen kann. Diese Auflösung der Gesellschaft als ein besonderer Stand ist das Proletariat" (619–620).

Marx konstruiert eine vollständige Entsprechung zwischen der Radikalität der deutschen Philosophie Hegels und Feuerbachs auf der einen Seite und der „Klasse mit radikalen Ketten", dem Proletariat, auf der anderen. Die radikale Philosophie endet mit „dem *kategorischen Imperativ, alle Verhältnisse umzuwerfen, in denen der Mensch ein erniedrigtes, ein geknechtetes, ein verlassenes, ein verächtliches Wesen ist...*" (615). Die Wirklichkeit dieser Aufgabe – so die These – kann nur von einer Klasse übernommen werden, deren Außenseiterstellung und deren Verlust aller Vorteile der bürgerlichen Gesellschaft sie zu einer ebenso radikalen Revolution veranlaßt. Erica Sherover-Marcuse hat gezeigt, wie leichtfertig

Marx hier über die Frage des subjektiven radikalen *Bewußtseins* der Proletarier hinweggeht. Er scheint zu unterstellen, daß der ontologische Status dieser Klasse ausreicht, um sie zur entsprechenden revolutionären Aktion zu prädestinieren. Sie wendet zu Recht ein, daß die *Möglichkeit* zu einer solchen radikalen Verhaltensweise noch kein Beweis für deren Verwirklichung ist. Später wird Marx übrigens zugeben, daß auch das Proletariat von der „allgemeinen Entfremdung" der Menschen in der Klassengesellschaft betroffen ist. Nur fühle es sich – im Gegensatz zu den besitzenden Klassen – in der Entfremdung unwohl, während jene kaum unter ihr litten.

Der Artikel endet mit einem triumphalen Appell an die Deutschen und ihr Proletariat: „Die einzig praktische Befreiung Deutschlands ist die Befreiung vom Standpunkt der Theorie, welche den Menschen für das höchste Wesen des Menschen erklärt" (das war durch die Philosophie Feuerbachs und ihre Weiterbildung durch Marx geschehen). „In Deutschland ist die Emanzipation vom Mittelalter nur möglich als die Emanzipation zugleich von den teilweisen Überwindungen des Mittelalters" (in den westlichen modernen Staaten). „In Deutschland kann keine Art der Knechtschaft gebrochen werden, *ohne jede Art der Knechtschaft zu brechen.* Das *gründliche Deutschland* kann nicht revolutionieren, ohne von Grund aus zu revolutionieren. *Die Emanzipation des Deutschen ist die Emanzipation des Menschen.* Der Kopf dieser Emanzipation ist die Philosophie, ihr Herz das Proletariat. Die Philosophie kann sich nicht verwirklichen ohne die Aufhebung des Proletariats, das Proletariat sich nicht aufheben ohne die Verwirklichung der Philosophie" (620–621). „Wenn alle inneren Bedingungen erfüllt sind, wird der deutsche Auferstehungstag verkündet werden durch das Schmettern des gallischen Hahns" (621).

Die „Verwirklichung der Philosophie" wäre die Schaffung einer Gesellschaft, in der Kants „kategorischer Imperativ" allgemein praktiziert wird, also niemand nur als Mittel, sondern alle zugleich als Zweck von ihren Mitmenschen behandelt werden. Wenn das verwirklicht wäre, gäbe es kein Proletariat mehr, also keine Klasse mehr, die von den Eigentümern der Produktionsmittel nur als „Mittel“ für Produktion von Profit „benutzt“ wird. In seinen späteren Schriften wird Marx den Zusammenhang zwischen der „menschlichen Emanzipation“ und der proletarischen Revolution, die zur „Aufhebung“ des Proletariats führen soll, nicht mehr so emphatisch philosophisch formulieren, aber die Vision, die er 1843 – gerade fünfundzwanzig Jahre alt – entwickelt hat, wird Leitstern seiner mühevollen und gründlichen theoretischen Arbeit und seiner organisatorischen Bemühungen um eine „Internationale Arbeiter-Assoziation“ bleiben.

Kein Mittel gegen Pauper?

Im Sommer 1844 veröffentlicht Marx eine Artikelserie im Pariser „Vorwärts“ und diskutiert die Unfähigkeit des Staates, mit der „hergestellten Armut“ in der Gesellschaft fertigzuwerden. Anlaß für seine Kritik ist ein Artikel von Arnold Ruge, „Der König von Preußen und die Sozialreform“, der anonym in derselben Zeitung erschien. Ruge warf dem preußischen König vor, den Aufstand der schlesischen Weber und das Problem der neuen Armut nicht ernst genommen und keine Abhilfe geschaffen zu haben. Marx stellte zunächst einmal fest, daß der preußische König sich vom Aufstand der Weber gegen die Fabrikanten nicht getroffen fühlen mußte. Das liberale Bürgertum steht der autoritären Monarchie kritisch gegenüber. Die Weber sind Gegner der Gegner des Königs, ihr Aufstand jagt „dem König keinen sonderlichen ‚Schrecken‘“ ein (MEGA 3, 6). Aber auch die modernen Staaten im Westen Europas werden mit dem Pauperismus nicht fertig. In England schieben die konkurrierenden Parteien sich gegenseitig die Schuld an der neuen Armut zu: „Nach dem Tory liegt das ganze Übel in dem Liberalismus, in der Konkurrenz, in dem zu weit getriebenen Fabriksystem.“ „Nach dem Whig“ ist im Gegensatz dazu „das Monopol des großen Grundeigentums und die Prohibitiv-Gesetzgebung gegen die Einführung des Getreides die Hauptquelle des Pauperismus" (8 f.). Ein gewisser Dr. Kay führt „alles auf die vernachlässigte Erziehung" zurück. Weil „nämlich der Arbeiter die ‚natürlichen Gesetze des Handels' nicht" kenne, wodurch „das wechselseitige Vertrauen der Geschäftsleute erschüttert (und) die Stabilität der politischen und sozialen Institutionen verringert" werden könne (9 f.). Wenn nur die Arbeiter entsprechend nationalökonomisch gebildet wären, gäbe es keinen Pauperismus! Die britische Regierung kennt kein anderes Mittel gegen die Armut als die – auf Elisabeth I. zurückgehenden – „Armengesetze", die die „Pfarreien zur Unterstützung ihrer armen Arbeiter" verpflichten, wozu sie durch die „Armentaxe", eine Steuer für die amtliche Wohltätigkeit, befähigt sind. Die Zunahme der neuen Armut hat zu einer Vermehrung der Lokaladministrationen geführt, bei der – nach Marx – inzwischen rund 6000 Personen beschäftigt sind. Im Parlament behaupteten andere, „die Wohltätigkeit begünstige das soziale Gebrechen". Im übrigen sei die periodisch auftretende Massenarmut ein „ewiges Naturgesetz", das Thomas Malthus entdeckt habe. Das Bevölkerungswachstum (aufgrund der unvorsichtigen Verhaltensweise der armen Bevölkerung) übersteige ständig die mögliche Vermehrung der Subsistenzmittel. Der Staat könne daher gar nichts machen und sollte am besten „das Elend seinem Schicksal überlassen". Das Elend wird endlich von anderen als „selbstverschuldet" unterstellt, so daß man nicht „einem Unglück zuvorzukommen", sondern vielmehr „ein Verbrechen zu unterdrücken, zu bestrafen" habe (11). „So entstand das Regime der Workhouses, d. h. der Armenhäuser, deren innere Einrichtung die Elenden abschreckt, eine Zuflucht vor dem Hungertod zu suchen. In den Workhouses ist die Wohltätigkeit sinnreich verflochten mit der Rache der Bourgoisie an den Elenden, der an ihre Wohltätigkeit appelliert" (a.a.O.). Selbst der Konvent – der das „Maximum der politischen Energie, der politischen Macht und des politischen Verstandes" war – konnte mit dem Pauperismus nicht fertig werden (13). Ebensowenig konnte Napoleon, der die Bettelei abschaffen wollte, die Not beseitigen, die Menschen zum Betteln zwang. Für Marx sind all diese ohnmächtigen Versuche, die Armut in der modernen Gesellschaft zu überwinden, notwendig zum Scheitern verurteilt, weil „der politische Verstand innerhalb der Schranken der Politik denkt. Je geschärfter, je lebendiger, desto unfähiger ist er zur Auffassung sozialer Gebrechen" (15). Robespierre erblickte „in dem großen Reichtum und der großen Armut nur ein Hindernis der reinen Demokratie. Er wünschte daher eine allgemeine spartanische Frugalität zu etablieren. Das Prinzip der Politik ist der Wille. Je einseitiger, d.h. also je vollendeter der politische Verstand ist, um so mehr *glaubt er an die Allmacht des Willens,* um so blinder ist er gegen die natürlichen und geistigen Schranken des Willens, um so unfähiger ist er also, die Quelle sozialer Gebrechen zu entdecken..." (15f.).

Während die preußische Regierung dem Weberaufstand hilflos gegenübersteht, entdeckt Marx bei den Webern schon einen hohen Grad kritischen sozialen Bewußtseins. „Der schlesische Aufstand beginnt gerade damit, womit die französischen und englischen Arbeiteraufstände enden, mit dem Bewußtsein über das Wesen des Proletariats" (18). Das bekannte „Weberlied" (das „Blutgericht", das im Gebiet der schlesischen Textilindustrie damals verbreitet war) erwähnt die lokalen Verhältnisse gar nicht erst, sondern geht sogleich auf den „Gegensatz" des Proletariats „gegen die Gesellschaft des Privateigentums in schlagender, scharfer, rücksichtsloser, gewaltsamer Weise" vor (17). Marx überschätzt erstaunlicherweise den Grad des revolutionären Bewußtseins der schlesischen Weber und meint, „das deutsche Proletariat (sei) der Theoretiker des europäischen Proletariats, wie das englische ... sein Nationalökonom und das französische ... sein Politiker ist" (18). Genau wie in seiner „Kritik der Hegelschen Rechtsphilosophie" kommt Marx auch hier wieder auf die Analogie zwischen der radikalen kritischen Philosophie der Deutschen und der Extremlage des Proletariats zu sprechen, die in Deutschland allein eine entsprechend radikale Revolution und eine „menschliche", nicht nur politische „Emanzipation" möglich macht. Während die französische Bourgeoisie 1789 nur vom politischen Gemeinwesen, dem Staat getrennt war, ist „das Gemeinwesen, von welchem der Arbeiter isoliert ist, ein Gemeinwesen von ganz anderer Realität und ganz anderem Umfang als das politische Gemeinwesen. *Dieses Gemeinwesen, von welchem ihn seine eigene Arbeit trennt,* ist *das Leben,* die *menschliche Tätigkeit,* der *menschliche Genuß,* das *menschliche Wesen … das wahre Gemeinwesen der Menschen*" (21). Diese Isolierung ist damit weit „heilloser" als die vom Staat, und entsprechend muß seine Aufhebung weit umfassender, universeller sein. Um diese Entfremdung, die Marx in dem seinerzeit nicht publizierten Text „Nationalökonomie und Philosophie" (Pariser Manuskripte) ausführlich beschreibt, zu überwinden, bedarf es einer Revolution, die nicht nur den Staat verändert und in andere Hände überführt, sondern die Gesellschaft selbst auflöst und den Sozialismus verwirklicht. Am Ende wird dieser dann seine „politische Hülle" wegwerfen (23). Das ist die früheste Formulierung vom „Absterben des Staates" in der „klassenlosen" Zukunftsgesellschaft.

5. „Nationalökonomie und Philosophie“

Das Manuskript, das erst 1932 aus dem Nachlaß veröffentlicht wurde, stellt einen wichtigen Schlüssel zum Verständnis des gesamten Werkes von Karl Marx dar. Es wurde von den dogmatischen Marxisten in der Sowjetunion und ihren Satelliten sowie von den meisten Kommunistischen Parteien als „unreife Frühschrift“ bagatellisiert, weil es noch nicht dem Kanon des „dialektischen und historischen Materialismus“ genügt. Es hat aber auf der anderen Seite gerade nichtmarxistische philosophische Autoren immer besonders angezogen. Siegfried Landshut, der 1932 gleichzeitig mit den Herausgebern der MEGA (Bd. 3) diesen Text publizierte, hielt ihn – zu Recht – für außerordentlich aufschlußreich. An der Bewertung dieses Manuskriptes scheiden sich nach wie vor die Geister. Autoren, die Marx und seine kritische Dialektik von Hegel her interpretieren, können diesen Text nicht entbehren – das gilt für Herbert Marcuse wie für die meisten „westlichen Marxisten“. Andere, die Marx als „Wissenschaftler“ im Sinne der positiven Wissenschaft für sich reklamieren – wie vor allem Louis Althusser und auf niedrigerem Niveau die meisten Sowjetmarxisten –, lehnen ihn als unreifes Frühwerk schlichtweg ab. Grund genug, auch in einer kurzgefaßten Monographie ausführlich auf ihn – wie auf einen anderen Nachlaßtext, die „Grundrisse der Kritik der politischen Ökonomie“ – einzugehen.

Von einem politischen Standpunkt aus ist offenbar die Entstehung extremer Unterschiede von Reich und Arm nicht zu erklären und die Not der „Pauper“ nicht zu überwinden. Marx entdeckt in diesen Jahren 1844/45 die klassische ökonomische Theorie von

Adam Smith, David Ricardo und Jean-Baptiste Say. Dabei spielt die Arbeit eine zentrale Rolle. Die Ökonomen nehmen allerdings Kapital, Arbeit, Profit und Grundrente als „gegebene" Begriffe hin. Sie konstatieren aber auch das Faktum, daß „der Arbeiter um so ärmer (wird), je mehr Reichtum er produziert, je mehr seine Produktion an Macht und Umfang zunimmt. Der Arbeiter wird eine um so wohlfeilere Ware, je mehr Waren er schafft. Mit der Verwertung der Sachenwelt nimmt die Entwertung der Menschenwelt in direktem Verhältnis zu. Die Arbeit produziert nicht nur Waren; sie produziert sich selbst und den Arbeiter als Ware, und zwar in dem Verhältnis, in welchem sie überhaupt Waren produziert" (MEGA 3, 82 f.). Auch wenn durch die zunehmende Teilung der Arbeit und den Einsatz von Maschinen die Gesellschaft als Ganze immer reicher wird, bleiben die Arbeiter – gegenüber den Kapitaleignern – immer weiter zurück. Da aber mit einem zunehmenden Warenangebot auch die Bedürfnisse wachsen, nimmt das – relative – Elend der Arbeiter sogar bei objektiv wachsenden Konsummöglichkeiten zu. Die Arbeit produziert nicht nur Reichtum, sondern sie ist auch die Gattungseigenschaft, durch die sich der Mensch vom Tier unterscheidet. Hegel hat in der „Phänomenologie des Geistes" der Bearbeitung der Natur durch den „Knecht" die wesentliche Rolle für dessen „Vermenschlichung" zugeschrieben. Daß in Hegels philosophischer Anthropologie das durch die Arbeit entstandene Selbstbewußtsein des Produzierenden und dessen von den feudalen Herren einzufordernde *Anerkennung* ausschlaggebend ist, fällt in der Marxschen Darstellung unter den Tisch. Er stellt lediglich fest: „Hegel steht auf dem Standpunkt der modernen Nationalökonomie. Er erfaßt die *Arbeit als das Wesen,* als *das sich bewährende Wesen des Menschen.*" Allerdings übersieht Hegel – nach Marx – die negative Seite der abhängigen Arbeit, ihre „Entfremdung". Hegel sieht „nur die positive Seite ... Die Arbeit ist (für ihn) das Fürchsichwerden des Menschen innerhalb der Entäußerung oder als entäußerter Mensch. Die Arbeit, welche Hegel allein kennt und anerkennt, ist die *abstrakte geistige* ..." (157). Damit verkennt

Marx Hegel, der die gegenständliche, das vorhandene Naturmaterial bearbeitende Tätigkeit ausdrücklich als vermenschlichend beschreibt. Allerdings trifft es zu, daß für Hegel die entscheidende Folge der Naturbearbeitung für den arbeitenden Menschen (den sich emanzipierenden Knecht) in der Erkenntnis seiner *Naturüberlegenheit* und damit seiner „Geistigkeit" besteht. Als der ihm vorgegebenen Natur überlegen, kann er seine Knechtsnatur überwinden und von seinem Herren, der durch den „Kampf auf Leben und Tod" sich als naturüberlegen erwiesen hatte, die Anerkennung einfordern, gleichwertig zu sein.

Für Marx stellt die Arbeit zwar auch die vermenschlichende, kulturschaffende Tätigkeit dar, sie ist aber – unter den Bedingungen der kapitalistischen Gesellschaft – in mehrfacher Hinsicht *entfremdet.* Als solche verhindert sie die „Verwirklichung des (arbeitenden) Menschen durch seine „Gattungstätigkeit". Diese „Entfremdung" schildert er nacheinander in vier unterschiedlichen Aspekten.

1. verhält sich der Arbeiter „zum *Produkt* seiner Arbeit als einem *fremden Gegenstand*" (83). „Die Entäußerung des Arbeiters in seinem Produkt hat die Bedeutung, nicht nur, daß seine Arbeit zu einem *Gegenstand,* zu einer *äußeren Existenz* wird, sondern daß sie außer ihm, unabhängig, fremd von ihm existiert und eine *selbständige Macht ihm gegenüber wird,* daß das Leben, was er dem Gegenstand verliehn hat, ihm feindlich und fremd gegenübertritt" (83–84). Was Marx hier im Auge hat, wird verständlicher, wenn wir uns als „Gegenstand" der produzierenden Arbeit eine Maschine oder ein Werkzeug vorstellen, das dem Kapitaleigner gehört und von dem der Arbeiter in der Folge abhängig ist. Er entscheidet nicht selbst über den Zugang zu diesem von ihm (bzw. von anderen Arbeitern – diese Unterscheidung ist für Marx irrelevant) hergestellten Arbeitsmittel, sondern ist von dem ihn „anstellenden" Unternehmer, dem die Maschinen gehören, abhängig.

Als Eigentumsloser ist er doppelt abhängig, einmal davon, daß man ihm *Arbeit* gibt, und zum anderen, daß er *Subsistenzmittel* erhält. „Die Entfremdung des Arbeiters in seinem Gegenstand drückt sich nach nationalökonomischen Gesetzen so aus, daß, *je mehr* der Arbeiter produziert, er um so weniger zu *konsumieren* hat, daß, je mehr Werte er schafft, er um so *wertloser*, um so *unwürdiger* wird, daß, je geformter sein Produkt, um so mißförmiger der Arbeiter, daß, je *zivilisierter* sein Gegenstand, um so barbarischer der Arbeiter, daß, um so mächtiger die Arbeit, um so ohnmächtiger der Arbeiter wird, daß, je geistreicher die Arbeit, um so mehr geistloser und Naturknecht der Arbeiter wurde" (84). Mit immer komplizierteren Maschinen und immer weitergehender Arbeitsteilung wird die Arbeit des einzelnen Arbeiters immer einfacher und – da auch Ungelernte, ja Kinder und Frauen seine Arbeit übernehmen können – sein Lohn immer niedriger. Karl Marx kann sich hier durchaus auf Adam Smith berufen, der die verdummenden Folgen der fortschreitenden Arbeitsteilung ganz nüchtern konstatiert hat. „Je weiter die Teilung der Arbeit fortschreitet, um so mehr kommt es endlich dahin, daß die Beschäftigung des größten Teiles derer, die von ihrer Arbeit leben, d.h. der Masse, auf *einige wenige sehr einfache Verrichtungen, oft nur auf eine oder zwei beschränkt wird*... Ein Mensch, der sein ganzes Leben damit hinbringt, ein paar einfache Operationen zu vollziehen, deren Erfolg vielleicht immer derselbe, oder wenigstens ein ziemlich ähnlicher ist, hat keine Gelegenheit, seinen Verstand zu üben oder seine Erfindungskraft anzustrengen... Er verliert also natürlich die Fähigkeit zu solchen Übungen und *wird am Ende so unwissend und dumm, als es nur immer ein menschliches Wesen werden kann*..." („Der Reichtum der Nationen", 5. Buch 1. Kap. 3. Teil). Adam Smith fordert als Korrektiv, daß die Regierung wenigstens für einen elementaren Unterricht der armen Bevölkerungsmehrheit sorgen sollte. Marx geht vom gleichen Tatbestand aus, interpretiert ihn aber als zu überwindende Entmenschlichung der arbeitenden Menschen in einer anderen Gesellschaftsordnung.

2. Wenn der Gegenstand (das Produkt) seiner Arbeit dem Arbeiter „fremd" ist, dann wird ihm schließlich auch die *produzie-*

rende, die eigentlich *„menschliche“ Tätigkeit selbst fremd.* Sie ist ihm „äußerlich“, er „bejaht sich nicht in seiner Arbeit, sondern verneint“ sich. Er „fühlt sich unglücklich“ und „entwickelt keine freie physische und geistige Energie ... sondern kasteit seine Physis ab und ruiniert seinen Geist“. Die Folge davon ist, daß der „Arbeiter sich erst außer der Arbeit bei sich“ fühlt „und in der Arbeit außer sich. Zu Hause ist er, wenn er nicht arbeitet, und wenn er arbeitet, ist er nicht zu Hause. *Seine Arbeit* ist daher nicht freiwillig, sondern gezwungen. *Zwangsarbeit.* Sie ist daher *nicht die Befriedigung eines Bedürfnisses, sondern sie ist nur ein Mittel, um Bedürfnisse außer ihr zu befriedigen* ... “ (85–86). Die Bilder, die Marx hier gebraucht, haben angesichts der Konzentration der Arbeiter in Fabriken und der zunehmenden Trennung von Wohnung und Arbeitsstätte große Plausibilität. Sie dienen ihm aber auch als Metaphern. Im Widerspruch zum eigentlichen Wesen des Menschen als die Natur umgestaltendes kreatives Wesen, fühlt sich der entfremdete Arbeiter nur noch „in seinen *tierischen* Funktionen, Essen, Trinken und Zeugen, höchstens noch Wohnung, Schmuck etc. freitätig und in seinen menschlichen Funktionen nur mehr als Tier“ (86). Korrigierend fügt Marx hinzu, daß Essen, Trinken und Zeugen („faire l'amour“ wäre angemessener) „auch echt menschliche Funktionen“ sind oder sein können, nur „in ihrer Abstraktion ... von dem übrigen Umkreis menschlicher Tätigkeit“ sind sie tierisch (a.a.O.).

3. Mit der Entfremdung von wesentlichem menschlichen Tun entfremdet sich der Arbeiter aber auch von der *Gattung*, da ihm die spezifische Gattungstätigkeit – die Arbeit – nur mehr als „Mittel“ erscheint, das zur Befriedigung der Bedürfnisse der rein natürlichen Existenz dient. Damit ist das Verhältnis auf den Kopf gestellt. „Das praktische Erzeugen einer gegenständlichen Welt, die Bearbeitung der unorganischen Natur ist die Bewährung des Menschen als eines bewußten Gattungswesens, d. h. eines Wesens, das sich zu der Gattung als seinem Wesen oder zu sich als Gattungswesen verhält“ (88). Das menschliche Produzieren unterscheidet sich

dadurch vom tierischen, daß es mit Bewußtsein und „nach dem *Maß jeder Species*" produzieren kann, u. a. „auch nach den Gesetzen der Schönheit" (a.a.O.).

4. Mit dieser Entfremdung von seinem „Gattungswesen" (seiner Menschheit) ist aber auch die Entfremdung von seinen Mitmenschen verbunden. Die „Selbstentfremdung des Menschen von sich und der Natur erscheint in dem Verhältnis, welches er sich und der Natur zu andern, von ihm unterschiedenen Menschen gibt ... Wie er seine eigne Produktion zu seiner Entwirklichung ... sein eignes Produkt zu dem Verlust, zu einem nicht ihm gehörigen Produkt (macht), so *erzeugt er die Herrschaft dessen, der nicht produziert, auf die Produktion und auf das Produkt.* Wie er seine eigne Tätigkeit *sich entfremdet,* so eignet er dem Fremden die ihm nicht eigne Tätigkeit an" (91). „Das *Privateigentum* ergibt sich also durch Analyse *aus dem Begriff der entäußerten Arbeit* ... des entfremdeten Lebens, des entfremdeten Menschen" (a.a.O.).

Die entäußerte Arbeit war zwar aus der *„Bewegung des Privateigentums" gewonnen* worden, aber das Privateigentum ist *nicht nur Ursache der entäußerten Arbeit,* sondern vielmehr *Konsequenz derselben,* „wie auch die Götter ursprünglich nicht die *Ursache, sondern die Wirkung der menschlichen Verstandesverwirrung sind.* Später schlägt dies Verhältnis in Wechselwirkung um" (92).

Die sozialistischen und kommunistischen Theorien, die bisher aufgetreten sind, waren außerstande, das Problem der wachsenden Armut in der dynamischen kapitalistischen Gesellschaft zu lösen. Da die Nationalökonomie „von der *Arbeit* als der eigentlichen *Seele der Produktion ausgeht*", „aber dennoch der Arbeit nichts *und dem Privateigentum alles gibt*", folgert Proudhon, man müsse einfach nur das „Privateigentum abschaffen" Eigentum ist Diebstahl, lautete seine Losung. Das stellt aber keine Überwindung des Gegensatzes von Arbeit und Kapital dar, „Arbeitslohn und Privateigentum sind identisch: denn der Arbeitslohn, wie das Produkt, der Gegenstand der Arbeit, die (die) Arbeit selbst besoldet, ist nur eine notwendige *Konsequenz von der Entfremdung der Arbeit,* wie denn im Arbeitslohn auch die Arbeit nicht als *Selbstzweck*, sondern als der *Diener des Lohns erscheint*..." (92). Auch die „gewaltsame *Erhöhung des Arbeitslohnes*", die auch nur „*gewaltsam aufrecht zu erhalten wäre*", wäre „nur eine *bessere Salarierung der Sklaven* und hätte *weder dem Arbeiter noch der Arbeit ihre menschliche Bestimmung und Würde erobert*" (a.a.O.). Selbst eine vollständige Gleichheit der Löhne würde die Entfremdung nicht aufheben. „Die Gesellschaft wird dann als abstrakter Kapitalist gefaßt" (a.a.O.). Im Unterschied zu Proudhon versucht Fourier, die „Landarbeit als die ausgezeichnete" zu fassen (111). Später wird Marx diesem Denker eher gerecht, weil er erkennt, daß es Fourier darum geht, den abstoßenden Charakter der Arbeit durch eine – den produktiven Bedürfnissen der unterschiedlichen Individuen – entsprechende Verteilung der Arbeit und einen häufigen Wechsel unterschiedlicher Betätigungen zu überwinden, also aus abstoßender Arbeit „attraktive Arbeit" zu machen. An diesen Gedanken wird Marx selbst in den „Grundrissen der Kritik der politischen Ökonomie" (1857/58) anknüpfen. St. Simon endlich und seine Schüler treten für die weitere Entwicklung der Industriearbeit unter der „alleinigen Herrschaft der Industriellen und die Verbesserung der Lage der Arbeiter" ein (111).

Am entschiedensten lehnt Marx den „*rohen Kommunismus*" ab, der als „positiver Ausdruck des aufgehobenen Privateigentums" erscheint. Er ist in Wirklichkeit aber nur „eine Verallgemeinerung und Vollendung desselben" und zeigt „sich in doppelter Gestalt: einmal ist die Herrschaft des sachlichen Eigentums so groß", „daß er alles vernichten will, was nicht fähig ist, als Privateigentum *von allen* besessen zu werden; er [der Kommunismus] will auf gewaltsame Weise von Talent etc. abstrahieren ... das Verhältnis des Privateigentums bleibt *das Verhältnis der Gemeinschaft zur Sachenwelt*" (112). Die ganze Primitivität des Kommunismus kommt darin zum Ausdruck, daß er die „Weibergemeinschaft" fordert: Die „Weibergemeinschaft (ist) *das ausgesprochene Geheimnis des noch ganz rohen und gedankenlosen Kommunismus*" (112). Diese –

als ideal unterstellte – kommunistische Gesellschaft ist nichts anderes als ein Staatskapitalismus, „eine Gemeinschaft *der Arbeit*" *mit* „*Gleichheit des Salärs, den das gemeinschaftliche Kapital*, die *Gemeinschaft als der allgemeine Kapitalist, auszahlt*" (112). Bis auf die extreme Ungleichheit der Saläre in der totalitären Sowjetunion entspricht dieses „*Ideal*" *des* „*rohen Kommunismus*" ziemlich genau dem unter Stalin und seinen Nachfolgern geschaffenen „real existierenden Sozialismus". Noch einmal unterstreicht Marx, daß „der rohe Kommunismus ... also nur *die Erscheinungsform der Niedertracht des Privateigentums* (ist), *das sich als das positive Gemeinwesen setzen will*" (113). Auch eine Form des Kommunismus, die „demokratisch oder despotisch" ist, bleibt selbst „mit Aufhebung des Staates ... noch mit dem Privateigentum, d.h. der *Entfremdung des Menschen affiziert*". Immerhin stellt er die *beginnende* „*Rückkehr des Menschen in sich ...*", die „Aufhebung *der menschlichen Selbstentfremdung*" dar (114). Erst eine dritte Gestalt des Kommunismus vollendet die „positive Aufhebung des Privateigentums als menschlicher Selbstentfremdung". Erst sie ist die „*wirkliche Aneignung des menschlichen Wesens durch und für den Menschen*", die bewußte und vollständige „Rückkehr des Menschen für sich als eines *gesellschaftlichen, d.h. menschlichen Menschen*" (114). Der einzelne Mensch ist dann nicht mehr von seinem „Gattungsleben", der sich durch Arbeit kultivierenden Menschheit, isoliert und erfährt sich als „*gesellschaftliches Wesen*", als „zoon politikon" im Sinne von Aristoteles, nicht als egoistische Monade der Konkurrenzgesellschaft. „Dieser Kommunismus ist als vollendeter Naturalismus = Humanismus, als vollendeter Humanismus = Naturalismus, er ist die wahrhafte *Auflösung des Widerstreits zwischen dem Menschen mit der Natur und mit dem Menschen*, die wahre *Auflösung des Streits zwischen Existenz und Wesen*, zwischen *Vergegenständlichung und Selbstbestätigung*, zwischen *Freiheit und Notwendigkeit*, zwischen *Individuum und Gattung*. Er ist das aufgelöste Rätsel der Geschichte und weiß sich als diese Lösung" (114).

Der nichtentfremdete Mensch dieser künftigen Gesellschaft ist imstande, sich den ganzen Reichtum der menschlichen Kultur, wie er im Laufe der Geschichte geschaffen worden ist, allseitig „anzueignen". Diese „Aneignung" darf nicht mit einer Inbesitznahme verwechselt werden, die zu einer vereinseitigten Einstellung zur Natur und zu den Produkten der Kultur führt: „Das *Privateigentum hat uns so dumm* und einseitig *gemacht,* daß ein Gegenstand erst der unsrige ist, *wenn wir ihn haben,* (er) also als *Kapital für uns existiert,* oder von uns *unmittelbar besessen, gegessen, getrunken, an unserem Leib getragen,* von uns bewohnt etc., *kurz gebraucht wird*" (118). Durch die Vorherrschaft des Privateigentums über unser Denken und Fühlen ist an die Stelle *„aller physischen und geistigen Sinne ... die einfache Entfremdung aller dieser Sinne,* der *Sinn des Habens getreten*" (118). Durch die Aufhebung des Privateigentums werden alle *„menschlichen Sinne* und *Eigenschaften" von dieser Entfremdung emanzipiert.* Das gebildete menschliche Auge und das gebildete menschliche Ohr „eignen" sich die *Schönheit der Natur und der Kunst, der Malerei und der Musik auf menschliche Weise an.* Alle „Gegenstände werden als Vergegenständlichungen" menschlicher Individualität erfahren. „Mit allen Sinnen wird daher der Mensch in der gegenständlichen Welt bejaht" (120). „Die Bildung der fünf Sinne ist eine Arbeit der ganzen bisherigen Weltgeschichte" im Unterschied zum „bornierten Sinn" des verelendeten, entfremdeten Menschen.

„Der sorgenvolle, bedürftige Mensch hat keinen Sinn für das schönste Schauspiel." Erst für den Menschen in einer freien Gesellschaft wird „der ganze Reichtum des menschlichen und natürlichen Wesens" vorhanden sein, weil erst er „einen entsprechenden menschlichen Sinn" besitzt (121). Und in einem knappen Satz klingt schon das zentrale Thema der Marxschen Geschichtstheorie an: Das Privateigentum *produziert* den *„materiellen und geistigen Reichtum"* – freilich auch das Elend – und *zugleich „den Menschen, in diesem ganzen Reichtum seines Wesens, den reichen und tiefen allsinnigen Menschen",* der *imstande sein wird, sich diese Fülle kultu-*

reller Errungenschaften allseitig „anzueignen". Was hier freilich von der Seite der idealen künftigen Vollendung der historischen Entwicklung beschrieben wird, wird Marx in seiner revolutionären Geschichtstheorie dramatisch auf die durch Erkenntnis ihres Elends als Klasse bewirkte revolutionäre Aktion des Industrieproletariates beziehen: Der Kapitalismus produziert den materiellen Reichtum (richtiger: er zwingt die Menschen, diesen Reichtum an Produktionsmitteln und Produkten zu produzieren), und er produziert das Proletariat, das durch seine Klassenlage gezwungen ist, die entfremdenden Beschränkungen des Privateigentums positiv aufzuheben.

Bei aller Kritik an der entfremdeten Arbeit und dem Privateigentum vernachlässigt Marx nicht den Hinweis auf den fortschrittlichen Charakter der Dynamik, die zur Beherrschung der Natur durch die Anwendung der Naturwissenschaft auf die Produktionstechnik führt. „Das Werden der Natur zum Menschen" (123) ist die „Vermenschlichung der Natur durch die Arbeit", durch Naturwissenschaft und Technik, die sie den Menschen dienstbar macht. Die Geschichte der Naturwissenschaft und der Produktionstechnik gehört zur Entwicklung des neuzeitlichen Menschen. Sie gehört zur „Wissenschaft vom Menschen", ist mit ihr eins.

Im Gegensatz zum asketischen, rohen Kommunismus gehört zum unentfremdeten Menschen des Marxschen Kommunismus „der *reiche Mensch und das reiche menschliche Bedürfnis*... Der reiche Mensch ist zugleich der *einer Totalität der menschlichen Lebensäußerungen bedürftige Mensch.* Der Mensch, in dem seine *eigne Verwirklichung, als innere* Notwendigkeit, als Not existiert. Nicht nur der Reichtum, auch die Armut des Menschen erhält gleichmäßig – unter Voraussetzung des Sozialismus – eine menschliche und daher gesellschaftliche Bedeutung" (123–124).

Gesellschaftliche Menschen beziehen sich auf ihre Mitmenschen als Menschen, ihre Bedürfnisse bringen sie dazu, tätig zu sein, sich ihnen zuzuwenden. Unter der Herrschaft des Privateigentums sind dagegen alle personalen Beziehungen durch das Geld vermittelt und verfälscht. In einem gesonderten Kapitel verweist Marx durch anschauliche Zitate aus Goethes „Faust“ und Shakespeares „Timon von Athen“ auf die Verkehrung der Beziehungen der Menschen durch das Geld: „Wenn ich sechs Hengste zahlen kann, sind ihre Kräfte nicht die meinen?“ meint Mephisto. Und Marx zählt weitere Beispiele auf: „Ich bin häßlich, aber ich kann mir die schönste Frau kaufen. Also bin ich nicht häßlich, denn die Wirkung der Häßlichkeit, ihre abschreckende Kraft ist durch das Geld vernichtet. Ich ... bin lahm, aber das Geld verschafft mir 24 Füße; ich bin also nicht lahm; ich bin ein schlechter, unehrlicher, gewissenloser, geistloser Mensch, aber das Geld ist geehrt, also auch sein Besitzer ... das Geld überhebt mich außerdem der Mühe, unehrlich zu sein; ich werde also als ehrlich präsumiert ...“ (147). Ganz anders sehen die Beziehungen in der idealen sozialistischen Gesellschaft aus, von der Marx hier spricht: „Setze den Menschen als Menschen und sein Verhältnis zur Welt als ein menschliches voraus, *so kannst du Liebe nur gegen Liebe tauschen, Vertrauen nur gegen Vertrauen* etc. Wenn du die Kunst genießen willst, mußt du ein *künstlerisch gebildeter Mensch sein;* wenn du *Einfluß auf andre Menschen ausüben willst, mußt du ein wirklich anregend und fördernd auf andre Menschen wirkender Mensch sein.* Jedes deiner Verhältnisse zum Menschen ... muß eine *bestimmte, dem Gegenstand deines Willens entsprechende Äußerung deines wirklichen individuellen Lebens sein. Wenn du liebst, ohne Gegenliebe hervorzurufen,* d.h. wenn dein Lieben als Lieben nicht die Gegenliebe produziert, wenn du durch eine *Lebensäußerung als liebender Mensch dich nicht zum geliebten Menschen machst, so ist deine Liebe ohnmächtig, ein Unglück*“ (149). In diesem Unglück läßt Marx die Menschen freilich allein. Es würde auch in seiner idealen Gesellschaft nicht verschwinden.

6. Entwurf einer materialistischen Geschichtsauffassung

In Paris begannen Marx und Engels mit einer umfassenden Auseinandersetzung mit ihren ehemaligen junghegelianischen Freunden. Schon während der letzten Monate der „Rheinischen Zeitung" hatte der Redakteur immer häufiger die unseriösen, radikalen und wortreichen Feuilletons der „Berliner Freien" zurückweisen müssen, weil sie wenig zur Information und Aufklärung, dafür aber um so mehr zum Ärger von Publikum und Zensor beizutragen pflegten. Jetzt in Paris verfaßten Marx und Engels ihr erstes gemeinsames Buch: „Die heilige Familie, oder Kritik der kritischen Kritik gegen Bruno Bauer und Consorten". Auch wenn Engels nur die ersten zehn Seiten verfaßt hatte, wollte Marx offenbar durch die gemeinsame Autorschaft ihre enge Zusammenarbeit und die gemeinsame theoretische Ausrichtung auch in der Öffentlichkeit zum Ausdruck bringen. Noch weit inhaltsreicher ist die zweite gemeinsame Arbeit der beiden, die wenig später geschrieben, aber erst 1927 aus dem Nachlaß erstmals vollständig publiziert wurde. In dieser Schrift, „Die deutsche Ideologie. Kritik der neuesten deutschen Philosophie in ihren Repräsentanten Feuerbach, B. Bauer und Stirner und des deutschen Sozialismus in seinen verschiedenen Propheten", kommt als neuer Gegenstand der Kritik Ludwig Feuerbach hinzu und werden die hilflosen Versuche deutscher „wahrer Sozialisten" ironisch vor dem Hintergrund der weit eindrücklicheren französischen Autoren St. Simon, Fourier, Cabet, Dézamy usw. bloßgestellt.

So amüsant die Lektüre der mit zahlreichen literarischen Assoziationen geschmückten Polemiken in diesen beiden Schriften auch ist, für das Verständnis der philosophischen Entwicklung von Marx sind nur relativ wenige Abschnitte von größerer Bedeutung. In der „Heiligen Familie" verteidigt Marx noch P. J. Proudhon gegen dessen mißverständliche Rezeption und Kritik durch Bruno Bauer, und Ludwig Feuerbach dient ihm noch als Helfer bei der Zurückweisung des subjektiven radikalen Idealismus der Junghegelianer. Nur im Zusammenhang mit seiner Polemik kommt er gelegentlich zu Erkenntnissen und Thesen, die für die Entwicklung der eigenen Geschichtsauffassung und für sein Konzept der revolutionären Rolle des Proletariats wichtig geworden sind. Während für Bruno Bauer historischer Fortschritt allein von der „kritischen Kritik" ausgeht, der gegenüber die „Masse" (und darunter fällt u. a. auch das Industrieproletariat) passiv, erlösungsbedürftig, bemitleidenswert und „dumpf" erscheint, diagnostiziert Marx im Industrieproletariat (vor allem Englands) eine soziale Kraft, die dazu berufen ist, eine bessere Gesellschaft und mit ihr die „menschliche Emanzipation" zu verwirklichen.

Wenn es in den Artikeln über das „Holzdiebstahlsgesetz" so schien, als ob die „Pauper" auf Grund ihrer Ausgeschlossenheit vom Reichtum und von der Ständegesellschaft zur revolutionären Umgestaltung „ontologisch" prädestiniert wären, stellt Marx jetzt fest: „Die besitzende Klasse und die Klasse des Proletariats stellen die *gleiche menschliche Selbstentfremdung* dar" (MEGA 3, 206). Der Unterschied zwischen ihnen besteht nur darin, daß „sich die erste Klasse ... in dieser Selbstentfremdung wohl und bestätigt" fühlt und „die Entfremdung als ihr eigne Macht weiß", ja „in ihr den Schein einer menschlichen Existenz besitzt", während das Proletariat „sich in der Entfremdung vernichtet (fühlt), in ihr ihre Ohnmacht und die Wirklichkeit einer unmenschlichen Existenz" erblickt. Sie werde also – hegelianisch ausgedrückt – „in der Verworfenheit die Empörung über diese Verworfenheit, eine Empörung, zu der sie notwendig durch den Widerspruch ihrer menschlichen Natur mit ihrer Lebenssituation, welche die ... entscheidende, umfassende Verneinung dieser Natur ist, getrieben wird" (a.a.O.). Es handelt sich nicht um eine „ontologische" Eigenschaft der Proletarier, sondern um einen – durch die sozialen Umstände bedingten – Widerspruch zwischen ihrer äußeren Existenz und dem menschlichen Wesen, der sie zur Rebellion treiben werde. Wie schon in seiner Frühschrift „Nationalökonomie und Philosophie" muß freilich zu dieser objektiven Lage noch das Bewußtsein dieser Lage hinzukommen, wenn die Klasse sich in Bewegung setzen soll. Um jedes Mißverständnis über das Proletariat auszuschließen, fügt Marx wenige Absätze weiter hinzu: Die sozialistischen Schriftsteller halten „die Proletarier keineswegs für Götter", „vielmehr umgekehrt. Weil die *Abstraktion von aller Menschlichkeit,* selbst von dem Schein der Menschlichkeit, im ausgebildeten Proletariat praktisch vollendet ist, ... weil der Mensch in ihm sich selbst verloren, aber zugleich nicht nur das theoretische Bewußtsein dieses Verlustes gewonnen hat, sondern auch ... durch absolut gebieterische Not ... zur Empörung gegen diese Unmenschlichkeit gezwungen ist, darum *kann und muß* das Proletariat *sich selbst befreien*" (206–207). In diesem Satz ist der Kerngedanke des Marxschen Konzepts der radikalen proletarischen Revolution in seiner Faszination wie in seiner Fragwürdigkeit zusammengefaßt. Es fragt sich nämlich, ob nicht dem realen Proletarier – mit steigendem Wohlstand zumindest – „der Schein der Menschlichkeit" zuteil wird und ob er sich – wie Marx das unterstellt – „das theoretische Bewußtsein" eines Verlustes, den er gar nicht (oder nicht mehr) empfindet, wirklich aneignen muß. In dem Maße, wie diese Bewußtseinsbildung unterblieb, begannen Marxisten die Schuld daran „reformistischen Sozialpolitikern" und „bürgerlichen Ideologen" zu geben, die das Proletariat angeblich an dieser Bewußtseinsbildung hinderten. Die späteren Anhänger von Marx hatten sich mit dem Problem herumzuschlagen, warum die hier so suggestiv beschriebene Herausbildung des „theoretischen Bewußtseins" nicht (jedenfalls nicht in dem Proletariat der entwickelten Industriegesellschaften) stattfand, so daß schließlich von W. I. Lenin die neue Theorie der „revolutionären Avantgarde" entworfen wurde, deren

– meist aus der bürgerlichen Intelligenz stammende und von ihr erzogene – Angehörige, das „revolutionäre Klassenbewußtsein ‚von außen' in das Proletariat hineintragen müßten". Daß diese gleiche Avantgarde – die Kommunistische Partei – sich darauf, solange die Klasse „das Lernziel" nicht erreicht hatte, zur Führung berufen fühlte, war eine logische Folgerung aus diesem Konzept.

In einer noch etwas anderen Formulierung fährt Marx an der zitierten Stelle fort: „Es handelt sich nicht darum, was *dieser oder jener* Proletarier oder selbst *das ganze Proletariat als Ziel sich einstweilen vorstellt.* Es handelt sich darum, *was es ist,* und was es *diesem Sein gemäß geschichtlich zu tun gezwungen sein wird* ..." (207). Also wiederum der stille Zwang der sozialen Verhältnisse und der aus ihnen hervorgehenden Not. Schließlich, meint Marx, sei „ein großer Teil des englischen und französischen Proletariats sich seiner geschichtlichen Aufgabe schon bewußt und arbeite beständig daran, dies Bewußtsein zur vollständigen Klarheit herauszubilden" (a.a.O.). Diese optimistische Einschätzung hat Marx freilich später – im näheren Kontakt mit der englischen Arbeiterbewegung – korrigieren müssen. Statt als führendes Industrieproletariat der damaligen Welt die Marxschen Konzepte aufzunehmen, begnügte es sich mit dem Kampf um Ausweitung des Wahlrechts (die Chartisten) und um bessere Lohn- und Arbeitsbedingungen durch seine Gewerkschaften.

„Die Deutsche Ideologie"

Im ersten Teil der „Deutschen Ideologie" skizziert Marx ausführlicher, als das später von ihm geschah, die Grundlagen seiner materialistischen Geschichtsauffassung. Auch hier ist seine eigene Konzeption im kritischen Handgemenge mit den Auffassungen seiner ehemaligen Freunde aus dem Kreis der Junghegelianer entstanden. Deren Hauptirrtum bestand – seiner Überzeugung nach – darin, daß sie, von Bewußtseinsphänomenen und substantivierten Prädikaten – wie „Geist“ – ausgehend, die Wirklichkeit zu verstehen und zu verändern suchten. Sie deuteten die zeitgenössische Gegenwart „von ihren Phrasen“ aus, statt die Phrasen – Ideologien, religiösen Vorstellungen usw. – aus „der deutschen Wirklichkeit“ und „mit ihrer eigenen materiellen Umgebung“ zu erklären (MEGA 5, 10). Gegenüber diesen Philosophen entwirft Marx – Schritt für Schritt – die komplexe historische Struktur von Gesellschaft, Staat und Bewußtseinsformen.

Die den Menschen vom Tier unterscheidende Eigenschaft ist, daß er „seine Lebensmittel produziert“, wozu er „durch seine körperliche Organisation gezwungen“ ist (a.a.O.). Damit deutet Marx Erkenntnisse an, die erst Adolf Portmann 1944 mit seiner Charakterisierung des Menschen als „biologisches Mängelwesen“ entwickelt hat. Auch Arnold Gehlen hat gezeigt, daß der Mensch seine mangelhafte biologische Ausstattung durch die Fähigkeit kompensiert, „diese rohe Natur, und zwar jederlei beliebige Natur, wie immer sie beschaffen sein möge, so zu verändern, daß sie ihm lebensdienlich wird ...“ (Anthropologische Forschung, S. 18). Um zu überleben, ist der Mensch als biologisches Wesen gezwungen, die natürlichen Gegebenheiten durch seine Bearbeitung „lebensdienlich“ zu machen, eine Kultur zu erzeugen.

Aus der Art und Weise, wie die Menschen „ihr Leben produzieren“, aus ihrer jeweiligen „Lebensweise“, gehen bestimmte Vorstellungen, Ideen usw. hervor. Wie sie produzieren, so sind sie und so fühlen und denken sie auch. Die wichtigsten historischen Entwicklungsstufen entsprechen daher nach Marx der jeweils veränderten Arbeitsweise, vor allem Grad und Art der *Arbeitsteilung*. Mit der jeweiligen Arbeitsteilung sind bestimmte soziale Verhältnisse verbunden: Jäger und Sammler kennen das Stammeseigentum; darüber hinaus führt dann das antike Gemeinde- und Staatseigentum. Mehrere Stämme vereinigen sich zu einer Stadt (einem Stadt-Staat). In den Städten gibt es neben dem Gemeindeeigentum schon immobiles Privateigentum – aber als „abnorme und untergeordnete Form“.

In einem kleinen Exkurs setzt sich Marx mit der Eroberungstheorie der Staatswerdung auseinander. Dabei stellt er fest, daß barbarische Eroberer in der Regel die Produktionsweise der höher entwickelten Eroberten übernehmen. Kurz streift Marx auch den Niedergang Roms, das – aus den zwischen Freien und Sklaven stehenden Plebejern – keine neue führende Klasse hervorzubringen vermochte. Akkumulation großen Reichtums und proletarische Armut führten hier nicht zu einer dynamischen Entwicklung, sondern zum Verfall.

Das „feudale und ständische Eigentum" geht – im Unterschied zum antiken – vom Lande aus. Die „germanische Heeresverfassung" stellt seine Keimzelle dar.

Der Grundadel schuf – als größere Landgebiete durch Handelsbeziehungen miteinander in engeren Kontakt traten – das *„feudale Königtum"*. Aus den allmählich entstehenden und wachsenden Städten entwickelte sich die in Zünften und Gilden organisierte Stadtbürgerschaft, deren strukturelle Verhältnisse denen des feudalen Adels entsprachen, auch wenn es zu Konflikten zwischen Städten und Adelsherrschaften kam. Daß in der Spätphase der Feudalgesellschaft das Rittertum keine revolutionäre Klasse sein konnte, hat Marx in seiner Auseinandersetzung mit Ferdinand Lassalle und dessen Theaterstück „Franz von Sickingen" überzeugend nachgewiesen. Hier, in der „Deutschen Ideologie", kommt es ihm vor allem darauf an, zu zeigen, daß „die Produktion der Ideen, Vorstellungen, des Bewußtseins ... zunächst unmittelbar ... in die materielle Tätigkeit und den materiellen Verkehr der Menschen ... verflochten ist", sozusagen *„Sprache des wirklichen Lebens"* ist. Zunächst erscheinen das Vorstellen, Denken usw. „noch als direkter Ausfluß ihres materiellen Verhaltens. Von der geistigen Produktion, wie sie in Sprache der Politik, der Gesetze, der Moral, der Religion, Metaphysik usw. eines Volkes sich darstellen, gilt dasselbe..." (MEGA 5, 15). Im ideologischen Bewußtsein, wie es für die Junghegelianer typisch ist, stehen, „wie in der Camera obscura", „die Menschen und ihre Verhältnisse ... auf dem Kopf".

Diese Vorkehrung geht ebenso „aus ihrem historischen Lebensprozeß hervor, wie die Umdrehung der Gegenstände auf der Netzhaut aus ihrem unmittelbar physischen“ (a.a.O.).

„Die Moral, Religion, Metaphysik und sonstige Ideologie und die ihnen entsprechenden Bewußtseinsformen behalten hiermit nicht länger den Schein der Selbständigkeit. Sie haben keine Geschichte, sie haben keine Entwicklung, sondern die ihre materielle Produktion und ihren materiellen Verkehr entwickelnden Menschen ändern mit dieser ihrer Wirklichkeit auch ihr Denken und die Produkte ihres Denkens. *Nicht das Bewußtsein bestimmt das Leben, sondern das Leben bestimmt das Bewußtsein*“ (16).

Marx gebraucht den Terminus „Ideologie“ hier in zwei unterschiedlichen Bedeutungen. Einmal meint er damit die verschiedenen Formen geistiger Betätigung und die ihnen entsprechenden geistigen Produkte – Religion, Philosophie, Recht usw. In einem genaueren, kritischen Sinne aber nennt er die Meinung „ideologisch“, die diese Gebilde für *selbständige*, die konkrete geschichtliche Entwicklung bestimmende Faktoren hält, den Zusammenhang von „Leben“, „gesellschaftlichem Leben“ und Bewußtsein also „auf den Kopf stellt“. Wenn er schreibt, diese „Bewußtseinsformen“ hätten „keine Geschichte“, dann meint er nicht, daß sie sich nicht im Laufe der Geschichte verändern, sondern nur, daß ihre Veränderung stets mit Veränderungen des konkreten Lebens, mit Änderungen der Produktionsweise und der gesellschaftlichen Beziehungen verbunden ist.

Die „erste geschichtliche Tat“ der Menschen besteht – wie schon erwähnt – darin, daß sie bewußt, durch Bearbeitung der Natur, ihre Lebensbedürfnisse befriedigen. Mit der Befriedigung ihrer ersten Bedürfnisse werden die „schon erworbenen Instrumente der Befriedigung“ zu neuen Bedürfnissen. Man kann sich vorstellen, daß Pfeil und Bogen oder Angelruten, die dem Erlegen von Wild und dem Fischfang dienen, jetzt Gegenstände des Bedürfnisses – sozusagen eines Bedürfnisses zweiter Ordnung – werden. Als „drittes Verhältnis“ kommt das Bedürfnis der – in Mann und

Frau unterschiedenen – Menschen füreinander hinzu: „das Verhältnis zwischen Mann und Weib, Eltern und Kindern, die Familie“ (18). Sobald die Verbindung der Menschen über diese kleinste Gemeinschaft hinausgeht, entstehen „neue gesellschaftliche Verhältnisse“ und wird die Familie („ausgenommen in Deutschland“) „zu einem untergeordneten“ Verhältnis. Alle drei Verhältnisse, die Produktion der unmittelbaren Gegenstände des Bedürfnisses, die von Mitteln zur Bedürfnisbefriedigung (Instrumente, Werkzeuge, wie Marx später unter Berufung auf Darwin, der vom Menschen als einem „tool-making animal“ sprach, sagen wird) sowie die Reproduktion des Menschen in der Familie, sind nicht aufeinanderfolgende Stufen, sondern „drei ‚Momente‘, die von Anbeginn der Geschichte an ... zugleich existiert haben“ (19).

Der produktionstechnische Fortschritt geht einher mit einer zunehmenden *Teilung der Arbeit*, aber erst mit der Teilung in materielle und geistige Arbeit, die auf verschiedene Personen (Klassen, Stände etc.) verteilt ist, „kann sich das Bewußtsein *einbilden*, etwas *Andres als das Bewußtsein der bestehenden Praxis zu sein, wirklich* etwas *vorzustellen*, ohne etwas Wirkliches vorzustellen – von diesem Augenblick an ist das Bewußtsein im Stande, sich von der Welt zu emanzipieren und zur Bildung der ‚reinen‘ Theorie, Theologie, Philosophie, Moral etc. in Widerspruch mit den bestehenden Verhältnissen zu treten“ (21). Die Teilung und Verteilung der Arbeit in „geistige“ und „materielle“ führt zur einseitigen Verteilung von „Genuß und Arbeit“, von „Produktion und Konsumtion“ an verschiedene Individuen. Diese Verteilung erfolgt sogleich sowohl quantitativ als auch qualitativ höchst ungleich. Zu Beginn schon sind Frauen und Kinder Sklaven des Mannes“, eine Eigentumsform, die schon völlig der modernen Ökonomie entspricht, für die Eigentum allemal „*Verfügung über fremde* Arbeitskraft ist“ (22). Schließlich führt die entwickelte Arbeitsteilung dazu, daß den einzelnen und ihrem Interesse gegenüber das „gemeinschaftliche Interesse“ eine ihnen fremde Gestalt annimmt.

In einer naturwüchsig, das heißt ohne bewußten, gemeinsamen

Beschluß zustande gekommenen, arbeitsteiligen Gesellschaft ist jeder einzelne auf eine begrenzte Teilarbeit festgelegt. Marx verwendet an dieser Stelle etwas unpassend Beispiele aus frühen patriarchalen Stammesgesellschaften, für die seine Aussage nicht recht zutreffen dürfte: Der ausschließliche „Kreis der Tätigkeit, der ihm aufgedrängt wird, aus dem er nicht heraus kam" ist z. B. *„Jäger, Fischer, Hirt oder kritischer Kritiker* (!), und muß es bleiben, wenn er nicht die Mittel zum Leben verlieren will" (22). Daß Marx diese Formulierung wie die ihr entgegengesetzte Antizipation einer Zukunftsgesellschaft, in der die feste Bindung an eine Spezialarbeit aufgehoben ist, nicht ganz ernst meinen konnte, wird schon an der Hinzufügung des ganz modernen „kritischen Kritikers" zu den archaischen Tätigkeiten der Jäger, Fischer und Hirten erkennbar. Man darf daher auch nicht – wie es gelegentlich von Marx-Kritikern getan wird – die nachfolgende „Beschreibung" der idealen „kommunistischen Gesellschaft" für bare Münze nehmen: „In der kommunistischen Gesellschaft, heißt es, wo Jeder nicht einen ausschließlichen Kreis der Tätigkeit hat, sondern sich in jedem beliebigen Zweige ausbilden kann" und „die Gesellschaft die allgemeine Produktion regelt", wird es mir „dadurch möglich (ge)macht, heute dies, morgen jenes zu tun, morgens zu jagen, nachmittags zu fischen, abends Viehzucht zu treiben, nach dem Essen zu kritisieren, wie ich gerade Lust habe; ohne je Jäger, Fischer, Hirt oder Kritiker zu werden..." (22). Ernst ist es Marx allerdings sehr wohl mit der Aufhebung der „lebenslänglichen Fixierung" des einzelnen an eine – womöglich noch sinnleere – Teilfunktion, aber das ideale Leben des hier porträtierten Menschen darf man sicher nicht ernst nehmen.

Weil der Zusammenhalt der arbeitsteilig produzierenden einzelnen „naturwüchsig" ist, nimmt „ihr gemeinschaftliches Interesse ... als Staat eine selbständige Gestaltung, getrennt von den wirklichen Einzel- und Gesamtinteressen an". Der „Staat ist (nur) eine illusorische Gemeinschaftlichkeit, aber stets auf der realen Basis der in jedem Familien- und Stamm-Konglomerat vorhandenen

Bänder; wie Fleisch und Blut, Sprache, Teilung der Arbeit im größeren Maßstab und sonstigen Interessen…" (23).

Damit gelangt Marx zum nächsten Aspekt seiner Gesellschaftsauffassung. In größeren Gesellschaften bilden sich Stände und schließlich in der modernen, marktwirtschaftlich organisierten Gesellschaft Klassen heraus, die ihrerseits sich im Staat als jeweils „herrschende" etablieren.

7. Der bürgerliche Klassenstaat und die kommunistische Gesellschaft

Marx veranschaulicht das Wesen und die historische Wirklichkeit der modernen Klassen am Beispiel Englands und Frankreichs. Vor allem entwirft er am Beispiel der bürgerlichen Revolution in Frankreich deren charakteristische Züge. Um ihr Interesse gegen die bislang herrschende Klasse (bzw. die alte Ständegesellschaft mit Adel und Königtum an dessen Spitze) durchzusetzen, muß die Bourgeoisie „die politische Macht erobern". Um sich gegenüber den übrigen Klassen durchsetzen zu können, muß die aufsteigende revolutionäre Klasse ihr Klasseninteresse als „Allgemeininteresse" präsentieren, und im Enthusiasmus der revolutionären Aktion wird dieser Anspruch – vorübergehend – sogar einmal wahr. Dennoch ist das von der aufsteigenden Bourgeoisie behauptete „Allgemeininteresse" nur ein schöner Schein, der bald nach dem Sieg der Revolution durchschaubar wird.

Über dieses bisherige Dilemma aller Revolutionen wird erst die „weltgeschichtliche" proletarische Revolution definitiv hinausführen. Für ihre Aktion sind allerdings zwei Voraussetzungen unentbehrlich: Die Masse der Menschen muß „als durchaus ‚eigentumslos' erzeugt" worden sein, und zugleich muß ihr gegenüber eine „Welt des Reichtums und der Bildung" unter einer vorauszusetzenden großen Steigerung der Produktivkraft entstanden sein. Erst damit ist dann eine „weltgeschichtliche ... empirische Existenz" des Proletariats statt „der in lokalem Dasein der Menschen vorhandenen" gegeben (MEGA 5, 24). Solange diese Voraussetzungen nicht vorhanden sind, würde durch eine kommunistische Revolution *nur „der Mangel verallgemeinert,* also mit der *Notdurft* auch der *Streit um das Notwendige wieder beginnen* und die ganze alte Scheiße sich herstellen" (24). Nur wenn eine „eigentumslose Masse in allen Völkern gleichzeitig (allgemeine Konkurrenz) erzeugt, jedes derselben von den Umwälzungen der anderen abhängig" ist und der weltwirtschaftliche Fortschritt „endlich *weltgeschichtliche, empirisch universelle Individuen an die Stelle der lokalen gesetzt hat*" – kann diese Revolution das erhoffte Resultat zeitigen. Und noch einmal betont Marx – wie nach ihm Engels – in seinen „Grundsätzen des Kommunismus": „Der Kommunismus ist empirisch *nur als die Tat der herrschenden Völker auf ‚einmal'* oder *gleichzeitig möglich*, was die universelle Entwicklung der Produktivkraft und den mit ihm zusammenhängenden Weltverkehr voraussetzt" (24). „Das *Proletariat kann also nur weltgeschichtlich existieren*, wie der Kommunismus, seine Aktion, nur als *‚weltgeschichtliche' Existenz überhaupt* vorhanden sein kann. Weltgeschichtliche Existenz der Individuen, d. h. Existenz der Individuen, die unmittelbar mit der Weltgeschichte verknüpft sind" (25).

Im Gegensatz zur bürgerlichen Revolution, die ihre besondere Klassenherrschaft nur mit einem „universalen Schein" der allgemeinen Emanzipation verbunden hat, wird die proletarische Weltrevolution als erste (und einzige) Weltrevolution wirklich eine allgemeine „menschliche Emanzipation" verwirklichen. Dann werde – so Marx – auch der Staat, das verselbständigte „illusorische Gemeininteresse" im Unterschied zum realen, gemeinschaftlichen Interesse der Bürger verschwinden. Nie mehr hat Marx mit so emphatischen Worten und so deutlich den „weltgeschichtlichen Charakter" der proletarischen Revolution dargestellt. Auf den „universalen Charakter der Individuen" kommt er aber noch einmal ausführlich in den „Grundrissen der Kritik der politischen Ökonomie" zurück, die Gedanken enthalten, die im „Kapital" nicht mehr thematisiert werden.

Die Bourgeoisie war – weil sie kein Stand, sondern eine Klasse ist – „dazu gezwungen, sich *national*, nicht mehr lokal zu organisieren, und ihrem Durchschnittsinteresse eine *allgemeine Form* zu geben. Durch die Emanzipation des Privateigentums vom Gemeinwesen ist der *Staat zu einer besonderen Existenz* neben und außer der bürgerlichen Gesellschaft geworden; er ist aber weiter nichts als die Form der Organisation, welche sich die Bourgeois sowohl nach außen als auch nach innen hin, zur gegenseitigen Garantie ihres Eigentums und ihrer Interessen notwendig geben" (52). Auch hier konnte Marx übrigens an Adam Smith anknüpfen, dessen „offenherzige" Darstellung der Welt des Reichtums und der Armut ihm stets als vorbildlich galt. In Smiths „Reichtum der Nationen" (5. Buch 1. Kap.) heißt es lapidar: „Die bürgerliche Regierung ist, insofern sie zur Sicherung des Eigentums eingeführt ward, in der Tat zur Verteidigung des Reichen gegen den Armen, oder dessen, der ein Eigentum hat, gegen den, der keines hat, eingeführt worden."

In der modernen industriellen Produktion ist die Arbeit nicht nur an verschiedene Personen mit je eigentümlicher handwerklicher oder manufaktureller Arbeit verteilt, sondern innerhalb der Betriebe ist der Arbeitsprozeß selbst noch einmal in eine Vielzahl von Einzeltätigkeiten unterteilt, so daß der einzelne keinen direkten Bezug mehr auf das von allen gemeinsam erzeugte Produkt hat. Die einzelnen Betätigungen fallen so weit „auseinander, daß ... das materielle Leben als Zweck, die Erzeugung dieses materiellen Lebens, die Arbeit ... als Mittel erscheint" (57). Das hat zur Folge, daß die vergegenständlichten Produktionsmittel – die Maschinen, industriellen Anlagen usw. – dem einzelnen Arbeiter als eine fremde Macht gegenüberstehen, von der er abhängig ist. Um daher ihre Existenz sicherstellen zu können, müssen die Individuen „sich die vorhandene Totalität von Produktionskräften aneignen ... Diese Aneignung ist zuerst bedingt durch den anzueignenden Gegenstand – die zu einer Totalität entwickelten ... Produktivkräfte. Diese Aneignung muß also schon von dieser Seite her einen den Produktivkräften und dem Verkehr entsprechenden *universellen Charakter haben.* Die Aneignung dieser Kräfte ist selbst weiter nichts als die Entwicklung der *den materiellen Pro-*

duktionsinstrumenten entsprechenden individuellen Fähigkeiten. Die Aneignung einer Totalität von Produktionsinstrumenten ist schon deshalb die Entwicklung einer *Totalität von Fähigkeiten in den Individuen selbst*" (57). Dazu aber sind – so Marx – „nur die von aller Selbstbetätigung ausgeschlossenen Proletarier der Gegenwart im Stand" (57–58). Hier – und wie wir sehen werden, auch noch 1857/58 in den „Grundrissen" – stellt sich Marx universell entwickelte Menschen vor, von denen – wie er betont – „eine Masse von Produktionsmitteln unter jedes Individuum und das Eigentum unter alle subsumiert werden" muß (58). Jeder einzelne (ehemalige Arbeiter) soll offenbar als ein universal entwickelter Mensch der Gesamtheit der verschiedenen Produktionsmittel samt der in ihnen vergegenständlichten Wissenschaft sich (geistig) aneignen. Das materielle Eigentum aber soll er mit allen übrigen gemeinsam übernehmen. „Die Aneignung der totalen Produktivkräfte durch die vereinigten Individuen" (58) hat also eine doppelte Seite: eine individuelle geistige Aneignung aufgrund einer „Totalität von Fähigkeiten" aller Produktivmittel und eine materielle Inbesitznahme durch die vereinigte Gesamtheit. Die Ermöglichung derart allseitig entwickelter Individuen wird – so Marx in den „Grundrissen" – durch die immer weitergehende Verkürzung der Arbeitszeit eröffnet: „Die freie Zeit – die sowohl Mußezeit als Zeit für höhre Tätigkeit ist – hat ihren Besitzer natürlich in ein anderes Subjekt verwandelt und als dies andre Subjekt tritt er dann auch in den unmittelbaren Produktionsprozeß. Es ist dieser (Produktionsprozeß) zugleich Disziplin, mit Bezug auf den werdenden Menschen betrachtet, wie Ausübung, Experimentalwissenschaft, materiell schöpferische und sich vergegenständlichende Wissenschaft mit Bezug auf *den gewordenen Menschen, in dessen Kopf das akkumulierte Wissen der Gesellschaft existiert*" (599–600, neue MEGA II, 1,2, S. 589). Einstweilen, bevor dieser – uns heute utopisch erscheinende – Prozeß der Ausbildung universal gebildeter Individuen stattgefunden hat, existiert die Wissenschaft „nicht im Bewußtsein des Arbeiters, sondern wirkt durch die Maschine als fremde Macht auf ihn, als Macht der Maschine selbst" (584, neue MEGA S. 582). Die Überwindung der Entfremdung der Arbeitenden fordert daher eine – heute nicht mehr vorstellbare – allseitige wissenschaftliche Bildung über alle Grenzen der Einzelwissenschaften hinaus. Man kann die von Marx antizipierte ideale Zukunft sich allenfalls noch so vorstellen, daß die einzelnen sich ausreichende elementare Grundkenntnisse der Wissenschaften aneignen, um die Prinzipien der in den verschiedenen Techniken angewandten wissenschaftlichen Verfahren zu verstehen, falls sie Zeit hätten, sich mit ihnen zu beschäftigen. Aber auch das dürfte kaum realistisch sein. Vermutlich würde ein Verteidiger von Marx sich auf die solidarische Verbundenheit aller Produzierenden in einer sozialistischen Gesellschaft berufen, die zu einer vertrauensvollen Akzeptanz der als verantwortungsbewußt anzunehmenden Erfinder, Ingenieure, Techniker usw. durch alle führen würde.

Die radikale Neuheit der künftigen proletarischen Revolution besteht für Marx darin, „daß in allen bisherigen Revolutionen die Art der Tätigkeit stets unangetastet blieb und es sich nur um eine andere Distribution dieser Tätigkeit, um eine neue Verteilung der Arbeit an andre Personen handelte, während die kommunistische Revolution sich gegen die bisherige Art der Tätigkeit richtet, *die Arbeit beseitigt und die Herrschaft aller Klassen mit den Klassen selbst aufhebt*" (MEGA 5, 59). Abschaffung der Arbeit heißt natürlich nicht Wegfall der praktischen, die Natur den menschlichen Bedürfnissen anpassenden Tätigkeit, wohl aber Überwindung des Zwangscharakters der Arbeit und der Fremdbestimmung allen Tuns. Die spezifisch menschliche Tätigkeit wird dann – so die Annahme – als freie menschliche Wesensäußerung erfolgen – und daher nicht mehr „Arbeit" sein. Freilich ist auch Marx bewußt, daß für eine solche Verwandlung eine entsprechende Änderung der Menschen notwendig ist. In seinen „Feuerbach-Thesen" faßt er diese Problematik knapp zusammen: „3. Die materialistische Lehre von der Veränderung der Umstände und der Erziehung vergißt, daß die Umstände von den Menschen verändert und *der Erzieher selbst erzogen werden muß*. Sie muß daher die Gesellschaft *in zwei* Teile – *von denen der eine über ihr erhaben ist* – sondieren" (MEGA 5,534). Diese Zweiteilung ist später – durch Lenins Theorie der Partei neuen Typs, die als Avantgarde das Proletariat erzieht und führt – in der Tat vollzogen worden. Marx selbst glaubt dem Dilemma zu entkommen, indem er *„das Ändern der Umstände* und der menschlichen Tätigkeit" *mit „der Selbstveränderung"* zusammenfallen läßt, und zwar *„als revolutionäre Praxis"* (a.a.O.). In dem von Engels redigierten und 1888 erstmals veröffentlichten Text ist das entscheidend wichtige Wort *„Selbstveränderung"* weggefallen. Man kann darüber spekulieren, ob Engels dessen Bedeutung verkannt oder die Annahme einer gleichsam „mystischen" Selbstveränderung für unrealistisch gehalten hat. Engels' Nüchternheit spricht für die zweite Annahme.

In der „Deutschen Ideologie" deutet Marx übrigens, wie in den Feuerbach-Thesen, die „Selbstveränderung" der revolutionären Klasse durch die Revolution an: „die Revolution (ist) also nicht nur nötig, weil die herrschende Klasse auf keine andere Weise gestürzt werden kann, sondern auch, weil die stürzende Klasse nur in einer Revolution dahin kommen kann, sich den ganzen alten Dreck vom Halse zu schaffen und zu einer neuen Begründung der Arbeit befähigt zu werden" (60). Rosa Luxemburg hat – in ihrer Auseinandersetzung mit Lenins Parteitheorie – auch diese Bedeutung der gemeinsamen, selbstbewußten Aktion des Industrieproletariats als Bedingung für dessen radikale emanzipative Veränderung im Auge gehabt. Eine durch Minderheitseliten zur Revolution „geführte Klasse" kann sich nicht durch die eigene Tat befreien.

Im letzten Abschnitt des Teils „Feuerbach" der „Deutschen Ideologie" entwickelt Marx noch eine andere Besonderheit der künftigen Revolution. Zunächst stellt er fest, daß „alle Kollisionen der Geschichte ... ihren Ursprung in dem Widerspruch zwischen den Produktivkräften und der Verkehrsform" haben (63). Was er hier Verkehrsform nennt, wird er später als „Produktionsverhältnisse“ bezeichnen. Es handelt sich um die Beziehungen, die Individuen und ihre Klassen in der Gesellschaft haben. In England ist – so die These – dieser Widerspruch am weitesten entwickelt und daher auch die Revolution am ehesten zu erwarten. Durch den „erweiterten internationalen Verkehr“ und die damit verbundene Konkurrenz wird aber „ein ähnlicher Widerspruch“ auch in anderen Ländern – z.B. auch in Deutschland – erzeugt. Bisher haben diese revolutionären Umbrüche für die Beteiligten ideologischen oder politischen Charakter gehabt. Die französische Bourgeoisie kämpfte für eine liberale politische Verfassung und die „Menschenrechte“, die im Grunde nur die Rechte der Eigentümer waren. Ihre Heroen – Robespierre, St. Just und andere – machten sich Illusionen über den Charakter der Umwälzung und identifizierten sie mit der Renaissance der athenischen Polis oder des republikanischen Rom! Erst die proletarische Revolution wird ihre Aufgabe mit einem realistischen Bewußtsein übernehmen. In ihr geht es nicht um eine bloße Anpassung der politischen Verhältnisse an die veränderten gesellschaftlichen Bedingungen, sondern um die Überwindung der durch die Teilung der Arbeit verselbständigten Verhältnisse, die sich als scheinbar objektive Mächte über den Individuen festgesetzt haben.

Die „Macht“ dieser verdinglichten Verhältnisse über die Menschen kann nicht dadurch aufgehoben werden, „daß man sich die allgemeine Vorstellung davon aus dem Kopf schlägt“ (63), wie das die „kritischen Kritiker“ aus dem Lager der Junghegelianer meinten, „sondern nur dadurch, daß die Individuen diese sachlichen Mächte wieder unter sich subsumieren und *die Teilung der Arbeit aufheben.* Die ist ohne die Gemeinschaft nicht möglich. Erst in der Gemeinschaft (mit Andern hat jedes) Individuum die Mittel, seine Anlagen nach allen Seiten hin auszubilden; erst in der Gemeinschaft wird also die persönliche Freiheit möglich“ (63–64). Dagegen scheint zu sprechen, daß „unter der Bourgeoisherrschaft“ die „Individuen in der Vorstellung … freier sind als früher, weil ihnen ihre Lebensbedingungen zufällig sind; in der Wirklichkeit sind sie“

aber „unfreier, weil mehr unter sachliche Gewalt subsumiert" (66). So sind z. B. auch die einzelnen Bourgeois nur als „Durchschnittsindividuen", als Angehörige ihrer Klasse „frei", als besondere Individuen aber von dieser ihrer Klasse abhängig, aus der sie im Konkurs herausfallen können. Erst den Proletariern wird – so die These von Marx – die reale Fremdheit der verobjektivierten Lebensbedingungen bewußt zu etwas völlig Fremdem, „worüber der einzelne Proletarier keine Kontrolle" hat. „Der Widerspruch zwischen der Persönlichkeit des einzelnen Proletariers und seiner ihm aufgedrängten Lebensbedingung, der Arbeit, tritt für ihn selbst hervor, namentlich da er von Jugend auf geopfert wird, und da ihm die Chance fehlt, innerhalb seiner Klasse zu den Bedingungen zu kommen, die ihn in die andre stellen …" (67). Die Proletarier sind gezwungen, „um persönlich zur Geltung zu kommen, ihre eigne bisherige Existenzbedingung, die zugleich die der ganzen bisherigen Gesellschaft ist, *die Arbeit, aufzuheben*" (67). Immer wieder formuliert Marx diese zunächst mißverständliche These: Aufhebung der Arbeit. Gemeint ist – wie schon gesagt – Aufhebung der fremdbestimmten, unfreiwilligen, durch die vorgegebene Arbeitsteilung aufgezwungene Tätigkeit. Die spezifisch menschliche Tätigkeit, das die natürlichen Gegebenheiten verändernde und sie den menschlichen Bedürfnissen anpassende Produzieren kann natürlich nie aufgehoben werden. Es soll im Gegenteil erst wirklich „frei" und damit „genuin menschlich" werden. Schließlich befindet sich das Proletariat – weil es eine reale Gemeinschaft herstellt – auch in einem „Gegensatz zu der Form, in der die Individuen der Gesellschaft sich bisher einen Gesamtausdruck gaben, zum Staat, und müssen den Staat stürzen, um ihre Persönlichkeit durchzusetzen" (a.a.O.). Das ist eine viel weitergehende These als die später von Marx und Engels prognostizierte vom „Absterben des Staates" in der „höheren Phase" der nachrevolutionären Gesellschaft. Der revolutionäre Realist wird daher bald nach 1846 die Eroberung der politischen Macht durch das vereinigte Proletariat zum ersten Ziel deklarieren.

8. Die Revolution von 1848 und das „Kommunistische Manifest“

Gegen Ende Februar 1848 erscheint in London das „Kommunistische Manifest“, wenig später greift die in Paris begonnene Revolution nach Deutschland über. Auf deren Gang hat freilich das Manifest keinen Einfluß gehabt. Nur wenige Exemplare erreichten deutsche Staaten, und die aktiven Liberalen und Demokraten in der Paulskirche interessierten sich – wenn sie denn ein Exemplar zu Gesicht bekommen hätten – für andere Probleme. Marx aber ging am 1. März nach Paris. Dort nahm er Kontakt mit deutschen Emigranten auf und bekämpfte deren abenteuerliche Pläne, eine bewaffnete Freischar über den Rhein hinüberzuschicken. Der inzwischen zum „Bund der Kommunisten“ umgetaufte „Bund der Gerechten“, für den Marx – zusammen mit Engels, der freilich nur eine Vorarbeit dazu geliefert hatte – das „Manifest“ geschrieben hatte, gründete eine Gemeinde in Paris und bat Marx, ihr ein „Statut“ zu verfassen. Am 19. März wird in der gleichen Stadt eine „Zentralbehörde des Bundes“ konstituiert, zu deren Präsidenten Marx gewählt wird.

Die Entwicklung der Verhältnisse in Deutschland veranlaßt Marx, Anfang April – zusammen mit Engels und anderen – Paris zu verlassen und sich in Köln um die Gründung der „Neuen Rheinischen Zeitung“ zu bemühen. Mit dieser Zeitung kommentiert und kritisiert er vom 1. Juni 1848 an die politischen Geschehnisse in Frankfurt, Berlin, Wien sowie die „Kriegskomödie in Schleswig Holstein“. Die Beiträge dieser Zeitung zeichnen sich dadurch aus, daß sie den gesamteuropäischen Zusammenhang im Auge behalten und nicht nur die deutsche und französische Revolution, sondern auch die revolutionären Bestrebungen der polnischen, ungarischen und italienischen Bevölkerung zur Kenntnis nehmen. Den deutschen Demokraten wirft Marx wiederholt ihre nationale Horizontbegrenztheit vor.

Das Scheitern der Revolution führt Marx in erster Linie auf die ängstliche Halbherzigkeit der deutschen Demokraten zurück, auf ihre nationale Borniertheit und ihre illusorische Hoffnung auf den preußischen König, den eine Mehrheit im Paulskirchen-Parlament zum „Kaiser" machen wollte.

Eine angemessene Würdigung der journalistischen und historischen Arbeiten zur Revolution von 1848/49 ist nur im Kontext einer umfassenden Geschichte dieser Jahre möglich und muß hier ausgespart bleiben.

Über die damalige Zeit hinaus wirksam blieb vor allem das „Kommunistische Manifest", in dem Marx – mit schwungvoller Rhetorik – seine geschichtsphilosophischen und politischen Auffassungen zusammenfaßt.

Das „Kommunistische Manifest"

Im November 1847 hatte Engels „Grundsätze des Kommunismus" für den Londoner „Bund der Gerechten" formuliert. Diese Grundsätze sind ganz im Stile eines Katechismus dogmatisch in Fragen und Antworten abgefaßt und beginnen mit der Frage: „Was ist der Kommunismus? Antwort: die Lehre von den Bedingungen der Befreiung des Proletariats" (MEW 4, 363), und sie enden mit der weit ausführlicher beantworteten Frage: „Wie verhalten sich die Kommunisten zu den übrigen politischen Parteien unserer Zeit?" (379) Von dieser Vorarbeit hat Marx praktisch nichts übernommen, auch wenn die politische Intention natürlich die gleiche blieb. In einem Brief an Engels betont er, daß es wohl am besten sein werde, dem Ganzen die Katechismusform völlig abzustreifen und an deren Stelle eine historische Darstellung zu setzen.

Wer wenig von Marx weiß, wird durch eine Lektüre des Manifestes im hohen Grade überrascht werden. Der Text beginnt nämlich mit einer geradezu hymnischen Beschreibung der Dynamik der bürgerlichen kapitalistischen Gesellschaft. Sowohl die revolutionäre politische Leistung der Bourgeoisie als auch vor allem ihre wirtschaftliche Leistung wird eindringlich geschildert: „Die Bourgeoisie, wo sie zur Herrschaft gekommen, hat alle feudalen patriarchalischen, idyllischen Verhältnisse zerstört. Sie hat die buntscheckige Feudalbande, die den Menschen an seinen natürlichen Vorgesetzten knüpften, unbarmherzig zerrissen und kein anderes Band zwischen Mensch und Mensch übriggelassen, als das nackte Interesse, als die gefühllose ‚bare Zahlung'." Sie hat – heißt es nach einer weiteren Reihe von Beseitigungen feudaler und traditioneller Beziehungen und Institutionen – „an die Stelle der mit religiösen und politischen Illusionen verhüllten Ausbeutung die offene, unverschämte, direkte, dürre Ausbeutung gesetzt" (464 f.). Das klingt zwar nicht gerade erfreulich, aber Marx ist überzeugt, daß die Beseitigung all dieser „Verschleierungen" den großen Vorzug hat, die Menschen zu zwingen, ihre Verhältnisse realistisch aufzufassen. Die Bourgeoisie „kann nicht existieren, ohne die Produktionsinstrumente, also die Produktionsverhältnisse, also sämtliche Verhältnisse fortwährend zu revolutionieren" (465). Diese ungeheuere Dynamik der bürgerlichen Gesellschaft – wir würden sagen der Marktwirtschaft – bleibt nicht in einem Nationalstaat stehen, sondern verbreitet sich über die ganze Welt und reißt „die barbarischsten Nationen in die Zivilisation ... Sie zwingt alle Nationen, die Produktionsweise der Bourgeoisie sich anzueignen, wenn sie nicht zugrunde gehen wollen, sie zwingt sie, die sogenannte Zivilisation bei sich selbst einzuführen. Mit einem Wort, sie schafft sich eine Welt nach ihrem eignen Bilde" (466). Und wenige Absätze weiter faßt Marx seinen Hymnus wie folgt zusammen: „Die Bourgeoisie hat in ihrer kaum hundertjährigen Klassenherrschaft massenhaftere und kolossalere Produktionskräfte geschaffen als alle vergangenen Generationen zusammen. Unterjochung der Naturkräfte, Maschinen, Anwendung der Chemie auf Industrie und Ackerbau, Dampfschiffahrt, Eisenbahnen, elektrische Telegraphen, Urbarmachung ganzer Weltteile, Schiffbarmachung der Flüsse, ganze aus dem Boden hervorgestampfte Bevölkerungen – welch früheres Jahrhundert ahnte, daß solche Produktionskräfte im Schoß der gesellschaftlichen Arbeit schlummerten" (467).

Der Hymnus auf die gewaltige Dynamik der bürgerlichen Produktionsweise ist aber nur die Einleitung. Die neu geschaffenen Produktivkräfte – so die These – beginnen schon, an die Schranken der bürgerlichen privaten Eigentumsverhältnisse zu stoßen. Zugleich produzieren sie im Proletariat ihren eigenen Totengräber. Die periodisch eintretenden Krisen sind Indizien für den zunehmenden Gegensatz zwischen dem sozialen Charakter der Produktivkräfte und den privatkapitalistischen Eigentumsverhältnissen. Die Bourgeoisie überwindet diese Krisen nur „durch die erzwungene Vernichtung einer Masse von Produktivkräften", „durch die Eroberung neuer Märkte und die gründlichere Ausbeutung der alten" (468). Damit aber „bereitet sie allseitigere und gewaltigere Krisen" vor, weil es dann keine außerkapitalistischen Gebiete mehr gibt, in die hinein sie expandieren kann. Mit dem Wachstum der kapitalistischen Produktionsweise wächst aber auch das Proletariat. Und hier beschreibt Marx die durch Arbeitsteilung und Entwertung persönlicher Fertigkeiten sinkenden Reallöhne der wachsenden Arbeitermassen. Hinzu kommt das Absinken von großen Teilen des Kleinbürgertums in die Klasse der Lohnarbeiter und die Möglichkeit der Verwendung von ungelernter Kinder- und Frauenarbeit in den großen Fabriken. „Ist die Ausbeutung des Arbeiters durch den Fabrikanten so weit beendigt, daß er seinen Arbeitslohn bar ausgezahlt erhält, so fallen die andern Teile der Bourgeoisie über ihn her, der Hausbesitzer, der Krämer, der Pfandleiher usw." (469).

Die Entwicklung des Proletariats läuft schließlich auf dessen „Zusammendrängung" in immer größeren Massen zu, das Lohnniveau gleicht sich nach und nach an. Jede technische Neuerung macht die Arbeit unsicherer und verdeutlicht ihnen ihre prekäre Lage. Gegen diese Not beginnen sich zunächst auf Betriebsebene, danach aber auch in ganzen Wirtschaftszweigen Koalitionen zu bilden. Es entstehen – von der Bourgeoisie hart bekämpft – Gewerkschaften, und so erwerben Proletarier nach und nach ein Bewußtsein ihrer Zusammengehörigkeit als Klasse und den Willen, ihr Klasseninteresse gegen die bourgeoise Regierung durchzusetzen. „Indem sie die Spaltungen der Bourgeoisie unter sich benutzt", gelingt es den Arbeitern z.B., „die Zehnstundenbill in England" durchzusetzen (471). Durch dieses Gesetz wurde die Arbeitszeit für Frauen und Kinder auf zehn Stunden täglich reduziert, da aber in der betrieblichen Kooperation die erwachsenen Arbeiter auf die Frauen und Kinder angewiesen sind, kam es faktisch zu einer von Marx begrüßten allgemeinen Begrenzung des Arbeitstages.

In dem so entstandenen „Klassenkampf" zwischen Bourgeoisie und Proletariat kommt es – in Fällen, da er sich „der Entscheidung nähert" – zu einem „Auflösungsprozeß innerhalb der herrschenden Klasse ... und ein kleiner Teil der herrschenden Klasse sagt sich von ihr los und schließt sich der revolutionären Klasse an, welche die Zukunft in ihren Händen trägt" (471 f.). So sei während der Französischen Revolution ein Teil des Adels zur Bourgeoisie übergelaufen und gehe jetzt „ein Teil der Bourgeoisie zum Proletariat über, und namentlich ein Teil der Bourgeoisieideologen, welche zum theoretischen Verständnis der ganzen geschichtlichen Bewegung sich hinaufgearbeitet haben" (472). Ohne Zweifel denkt Marx hier an seinen Freund, den Fabrikanten Friedrich Engels, und wohl auch an sich selbst.

Von allen Klassen der zeitgenössischen Gesellschaft, die der herrschenden Bourgeoisie gegenüberstehen, sind nur die Proletarier mögliche Subjekte der Revolution. Die Mittelstände sind meist reaktionär, weil die modernen Produktivkräfte ihre kleinen Betriebe unrentabel machen, sie sehnen sich nach einer durch Zünfte geregelten, beschränkten Produktionsweise zurück. Das „Lumpenproletariat, diese passive Verfaulung der untersten Schichten der alten Gesellschaft ... wird seiner ganzen Lebenslage nach bereitwilliger sein, sich zu reaktionären Umtrieben erkaufen zu lassen" (472). Damit nimmt Marx eine These vorweg, die er in seiner Schrift über „den 18. Brumaire des Louis Bonaparte" entwickelt hat.

Durch die soziale Lage des proletarischen Lohnarbeiters ist der Charakter seiner Emanzipation vorgezeichnet. Er kann nicht – wie die bourgeoisen Revolutionäre – seine Klassenherrschaft über den „Rest der Gesellschaft" an die Stelle der vorausgegangenen politischen Ordnung stellen, denn die Klasse des Proletariats bildet die große Mehrheit der Gesellschaft. Um sich zu befreien, muß sie daher *jede* Klassenherrschaft und damit alle Menschen befreien. Durch die Dynamik der kapitalistischen Produktion wird die „revolutionäre Vereinigung durch die Assoziation" der Proletarier vorangetrieben. „Mit der Entwicklung der großen Industrie wird also unter den Füßen der Bourgeoisie die Grundlage selbst weggezogen, worauf sie produziert und die Produkte sich aneignet. Sie produziert vor allem ihre eigenen Totengräber. Ihr Untergang und der *Sieg des Proletariats sind gleich unvermeidlich*" (474). Damit endet der erste geschichtstheoretische Teil des „Manifestes". Seine Wirkung beruhte vor allem auf der grenzenlosen Zuversicht, die durch eine Kombination von historischem Rückblick und einer nach Analogie der bürgerlichen Revolution gebildeten Prognose erzeugt wird. Zweck des Manifestes ist es, den Proletariern Mut zu machen, und diese Aufgabe hat es hundert Jahre lang immer wieder erfüllt.

Im zweiten Teil skizziert Marx die Funktion der Kommunisten (der Partei) gegenüber den Proletariern. Damit macht er einen Schritt über die früheren Arbeiten hinaus, in denen die Entwicklung der „Pauper" und der „Proletarier" beschrieben wurde, die im wesentlichen aus einer spontanen (?) Bewußtwerdung ihrer Situation hervorging. Die Kommunistische Partei erhält hier die Funktion, der selbständigen Entwicklung der Klasse zum politischen Selbstbewußtsein wegweisend voranzugehen.

Im Unterschied zu anderen Arbeiterparteien traten die Kommunisten dafür ein, „in den verschiedenen nationalen Kämpfen des Proletariats die *gemeinsamen* ... Interessen des *gesamten Proletariats* ... zur Geltung zu bringen". Außerdem behalten sie „in den verschiedenen Entwicklungsstufen, welche der Kampf ... durchläuft, stets das Interesse der Gesamtbewegung" im Auge (a.a.O.). Und, wie um jeden Verdacht einer von *außen* und *oben* kommenden Bevormundung der historischen Bewegung zu zerstreuen, heißt es schließlich: Die „theoretischen Sätze der Kommunisten" ... „sind nur *allgemeine Ausdrücke tatsächlicher Verhältnisse* eines *existierenden Klassenkampfes*, einer unter unseren Augen *vor sich gehenden geschichtlichen Bewegung*" (475).

Hierauf folgen Auseinandersetzungen mit Vorwürfen, die damals (wie später) gegen die Ziele der Kommunisten erhoben wurden:

1. Sie wollten das „Eigentum abschaffen". Das gilt jedenfalls nicht für das „persönliche", durch eigene Arbeit erworbene Eigentum, sondern nur für das Eigentum, das „auf der Ausbeutung der einen durch die andern" (der Mehrheit durch die Minderheit, heißt es im englischen Text) beruht. Es geht also nur um die Aufhebung des Privateigentums an den großen Produktionsmitteln, die nur von einer Vielzahl von Personen in Gang gesetzt werden können. Kapitalist sein, heißt ... eine gesellschaftliche Stellung in der Produktion einnehmen. Das Kapital ist ein gemeinschaftliches Produkt und kann nur durch eine gemeinsame Tätigkeit vieler Mitglieder ... in Bewegung gesetzt werden" (475 f.). Das Verhältnis zwischen „lebendiger" (aktueller) Arbeit und „aufgehäufter" (vorgetaner Arbeit) kehrt sich in der künftigen kommunistischen Gesellschaft um. Bisher diente „die lebendige Arbeit ..." nur dazu, „die aufgehäufte Arbeit" (das Kapital) „zu vermehren". Künftig wird „die aufgehäufte Arbeit nur ein *Mittel*" sein, „um den *Lebensprozeß der Arbeiter zu erweitern, zu bereichern, zu befördern*". In der bürgerlichen

Gesellschaft herrscht also die Vergangenheit über die Gegenwart, in der kommunistischen die Gegenwart über die Vergangenheit…" (476).

2. Auch von einer „*Aufhebung der Person*" kann keine Rede sein, es wird lediglich die Person des Kapitalisten – später wird Marx sagen, die „Charaktermaske des Kapitalisten" – verschwinden, weil aufgehäufte vergangene Arbeit kein Verfügungsrecht über lebendige Arbeit mehr verschaffen kann und die Person des Kapitaleigners damit verschwindet.
3. Auch das Recht wird nur insofern „aufgehoben", als es bisher „der zum *Gesetz erhobene Wille eurer* (der Bourgeoisie) *Klasse*" war, „ein Wille, dessen Inhalt gegeben ist in den materiellen Lebensbedingungen eurer Klasse" (477).
4. Die *Freiheit der „Ausbeutung*" sowohl in der Familie wie in der Klassengesellschaft wird freilich aufgehoben werden, *nicht aber die freie Entfaltung der Einzelmenschen,* die vielmehr erst in der künftigen Gesellschaft für alle verwirklicht sein wird.
5. Endlich wird den Kommunisten vorgeworfen, „sie wollten das *Vaterland, die Nationalität abschaffen*". Auch dieser Vorwurf wird von Marx an die Kritiker zurückgegeben: „die Arbeiter *haben kein Vaterland*", sie sind in der bourgeoisen Gesellschaft ins Abseits geschobene Außenseiter. Wohl aber anerkennt er als *Ziel* der proletarischen Weltrevolution die Aufhebung der Einzelstaaten. Durch die Schaffung des Weltmarktes haben die Staatsgrenzen schon jetzt an Bedeutung verloren, indem überall die „Gleichförmigkeit der industriellen Produktion und der ihr entsprechenden Lebensverhältnisse" hergestellt wurde (479). „Die Herrschaft des Proletariats wird sie (die Absonderungen und Gegensätze der Völker) noch mehr verschwinden machen. *Vereinigte* Aktion, wenigstens der *zivilisierten Länder,* ist eine der ersten Bedingungen seiner Befreiung. In dem Maße, wie die Exploitation des einen Individuums durch das andere aufgehoben wird,

wird die Exploitation einer Nation durch die andere aufgehoben. Mit dem Gegensatz der Klassen im Innern der Nation fällt die feindliche Stellung der Nationen gegeneinander" (479). Diese beiden Thesen des „Manifestes" wurden durch die Geschichte seit 1917 immer wieder falsifiziert, oder genauer gesagt, die Revolutionen, die sich seit 1917 auf Marx und das „Manifest der Kommunistischen Partei" berufen haben, konnten die hier gesetzten Ziele in keiner Weise verwirklichen, schon weil sie nicht aus einer „gemeinsamen Aktion ... der zivilisierten Länder" hervorgegangen waren, sondern im Gegenteil in industriell relativ zurückgebliebenen Ländern ausbrachen, siegten und auf diese beschränkt blieben. Es war daher auch kein Wunder, daß die von Marx vorausgesagte Überwindung der staatlichen Gegensätze und Absonderungen ebensowenig eintrat.

6. Was die *Religion* anlangt, so werde sie – ohne daß man sie ausdrücklich zu bekämpfen brauche – mit der Herstellung einer neuen Gesellschaft ohne Ausbeutung und Beherrschung der Mehrheit durch eine Minderheit von allein verschwinden. Bisher freilich seien Religion, Moral, Philosophie, Politik und Recht durch die sozialen Umwälzungen nicht beseitigt worden, das sei aber nur deshalb geschehen, weil es sich stets nur um die Ersetzung *einer herrschenden Klasse* durch eine *andere* gehandelt habe: „Kein Wunder daher, daß das gesellschaftliche Bewußtsein aller Jahrhunderte, aller ... Verschiedenheit zum Trotz, in gewissen gemeinsamen Formen sich bewegt ... die nur mit dem gänzlichen Verschwinden des Klassengegensatzes sich vollständig auflösen" (480).

Auch diese Prognose konnte sich in den „real existierenden sozialistischen Staaten" nicht bewahrheiten. Unter der Herrschaft kommunistischer „Eliten" verwandelte sich vielmehr der „Marxismus-Leninismus" in ein neues Glaubenssystem, dem gegenüber es „Abweichungen" gab, die wie „Ketzereien" bestraft wurden, während die Machthaber die Freiheit der Kritik, die Voraussetzung jeder wissenschaftlichen Entwicklung unterdrückten. Durch die Bezeichnung dieser religionsähnlichen Ideologie als „wissenschaftliche Weltanschauung“ wurde der Tatbestand nur oberflächlich getarnt.

Am Ende des 2. Teiles des „Manifestes“ listet Marx eine Reihe von Sofortmaßnahmen auf, die „für die fortgeschrittenen Länder ... ziemlich allgemein in Anwendung kommen könn(t)en“. Nur wenig später haben Marx und Engels ein Flugblatt mit den „Forderungen der Kommunistischen Partei in Deutschland“ verfaßt und verbreitet, in dem sie die zuvor formulierten zehn „Maßregeln“ den anders eingeschätzten Umständen in Deutschland angepaßt und in die 17 Forderungen eingearbeitet haben.

Forderungen der Kommunistischen Partei in Deutschland

Die „Forderungen der KP in Deutschland“ wurden von Marx und Engels schon im März 1848 in Paris verfaßt, am Ende dieses Monats als Flugblatt gedruckt und in Deutschland verbreitet. Zahlreiche Zeitungen druckten die Forderungen nach, so daß man annehmen kann, daß sie – im Unterschied zum „Manifest“ – damals tatsächlich von einem größeren Personenkreis zur Kenntnis genommen werden konnten. Unter dem gleichen Motto wie das Manifest: „Proletarier aller Länder, vereinigt Euch!“ zählen die beiden Verfasser 17 Forderungen auf, die zum Teil mit denen der entschiedenen Demokraten übereinstimmen und nur in sechs Punkten eindeutig sozialrevolutionäre Ziele benennen. Radikaldemokratisch sind die folgenden Forderungen: 1. „Deutschland wird zu einer einigen, unteilbaren Republik.“ 2. „Jeder Deutsche“ ist vom 21. Lebensjahr an wahlberechtigt und wählbar, „vorausgesetzt, daß er keine Kriminalstrafe erlitten hat“, 3. „die Volksvertreter werden besoldet“, eine Forderung gegen die sich Bismarck erfolgreich zur Wehr gesetzt hat. 6. „Alle Feudallasten ... werden ...

abgeschafft"; 13. Kirche und Staat werden getrennt. Eine Reihe gemäßigter sozialpolitischer Forderungen ist in der Folge auch – ohne Revolution, jedenfalls ohne sozialistische – verwirklicht worden: 5. kostenlose „Gerechtigkeitspflege", 15. Starke Progressivsteuer. Abschaffung der von den Sozialdemokraten meistens als unsozial kritisierten „Konsumtionssteuern". Im engeren Sinne kommunistisch sind nur die Forderungen 6, 7, 8, 9, 10, 11: die Enteignungen der fürstlichen und andern feudalen Landgüter und Bergwerke, die Verstaatlichung der Hypothekenzinsen auf Bauerngüter, vom Staat zu übernehmende Grundrente oder Pacht, Ersatz „aller Privatbanken" durch eine „Staatsbank" sowie die Verstaatlichung aller Transportmittel. Offenbar am französischen Vorbild orientierte „Nationalwerkstätten" sollen errichtet werden, die es dem Staat ermöglichen, allen Bürgern Arbeit zu verschaffen, während die Arbeitsunfähigen Anspruch auf Versorgung erhalten (Nr. 16). Auch die unentgeltliche Volkserziehung kann man noch als eine Maßregel auf dem Weg zur sozialistischen Gesellschaft ansehen (MEW 5, 3–5). Die im „Manifest" vorgeschlagenen Maßregeln enthalten nur zwei hier nicht ausdrücklich erhobene Forderungen: „Gleichen *Arbeitszwang* für alle, Errichtung industrieller Armeen, besonders für den Ackerbau", und „Vereinigung des Betriebes von Ackerbau und Industrie, Hinwirken auf die allmähliche Beseitigung des Gegensatzes von Stadt und Land" (MEW 4, 481). Beide Punkte erinnern von ferne an die Fourierschen Vorstellungen, die Marx eine Zeitlang als bahnbrechende Innovationen begrüßt hat. Fourier wollte – wie schon erwähnt – den Menschen vielseitige, abwechslungsreiche Tätigkeiten geben und dadurch die Arbeit aus einer „Last" zu einer „attraktiven Beschäftigung" (travail attractif) machen.

9. Die Niederlage der Revolution in Europa und der „Bonapartismus"

Am 1. Januar 1849 veröffentlicht Marx in der „Neuen Rheinischen Zeitung" einen Artikel über die „revolutionäre Bewegung". In ihm schildert er zunächst die Serie der Niederlagen der radikalen Revolutionäre in Europa, angefangen von dem blutig niedergeschlagenen Aufstand Pariser Arbeiter im Juni 1848 über die darauf folgenden kurzlebigen bürgerlichen Regierungen Frankreichs und die sich damals schon abzeichnende „Niederlage der republikanischen französischen Bourgeoisie" (MEW 6, 148 f.) bis zu den hierauf folgenden Niederlagen der „Mittelklassen in allen europäischen Ländern" (Preußen, Österreich, Neapel). Damit waren aber auch die Hoffnungen nationaler Emanzipationsbewegungen der Polen, der Iren usw. zusammengebrochen. Der russische Zar war wieder – wie nach der Niederlage Napoleons I. – der Herr über Europa. Die Barbarei hatte – so empfand es Marx – über die Zivilisation gesiegt.

Angesichts dieser deprimierenden Lage weigert sich Marx jedoch zu resignieren: „Der Sturz der Bourgeoisie in Frankreich, der Triumph der französischen Arbeiterklasse, die Emanzipation der Arbeiterklasse überhaupt ist also das Losungswort der europäischen Befreiung" (149). Um diesen Triumph zu ermöglichen, muß aber zuerst noch „der Fels, an dem die Revolutionswogen scheitern", d.h. England, eine proletarische Revolution erleben. England nämlich „*beherrscht den Weltmarkt.* Eine Umwälzung der national-ökonomischen Verhältnisse in jedem Lande des europäischen Kontinents … ohne England ist der Sturm in einem Glas Wasser" (149). Marx gelangt schließlich zu einem optimistischen

Szenario, das freilich wenig später vollends durch die Geschichte widerlegt wurde. Später hat er sich stets gehütet, so deutlich seine Hoffnung auf die bevorstehende revolutionäre Entwicklung zum Ausdruck zu bringen. Außerordentlich scharfsinnig ist Marx' Analyse des Staatsstreichs Napoleons III., der schon am 10. 12. 1848 zur Überraschung vieler Zeitgenossen mit einer überwältigenden Mehrheit von 5,4 Millionen Stimmen (gegen 1,4 Millionen für den erfolgreichen Unterdrücker des Arbeiteraufstands vom Juni, Eugène Cavaignac) zum Präsidenten gewählt worden war und drei Jahre später durch einen Staatsstreich sich zum Präsidenten und schließlich im Jahr darauf zum Kaiser machte.

Drei Wochen nach der Wahl Louis Bonapartes schrieb Karl Marx: Solange die englische Bourgeoisie und die von ihr ausgeübte „industrielle und kommerzielle Weltherrschaft Großbritanniens" nicht gestürzt ist, bleibt „jede partielle soziale Reform in Frankreich und auf dem europäischen Kontinent" undenkbar, „ein hohler frommer Wunsch" (150). „Das alte England wird nur gestürzt durch einen *Weltkrieg* (!), der allein der Chartistenpartei, der organisierten englischen Arbeiterpartei, die Bedingungen zu einer erfolgreichen Erhebung gegen ihre riesenhaften Unterdrücker bieten kann... Erst mit diesem Augenblick tritt die soziale Revolution aus dem Reich der Utopie in das Reich der Wirklichkeit. Jeder europäische Krieg aber, worin England verwickelt wird, ist ein Weltkrieg. Er wird geführt in Kanada wie in Italien, in Ostindien wie in Preußen, in Afrika wie an der Donau. Und der europäische Krieg ist die erste Folge der siegreichen Arbeiterrevolution in Frankreich. England wird wie zu Napoleons Zeit an der Spitze der konterrevolutionären Armeen stehen, aber durch den Krieg selbst an die Spitze der revolutionären Bewegung geworfen werden und seine Schuld gegen die Revolution des 18. Jahrhunderts einlösen. *Revolutionäre Erhebung der französischen Arbeiterklasse, Weltkrieg – das ist die Inhaltsanzeige des Jahres 1849*" (a.a.O.).

„Der 18. Brumaire des Louis Bonaparte"

Heute würde man das Buch von Marx über den Weg Louis Bonapartes zur Alleinherrschaft über Frankreich als ein Beispiel soziologischer Geschichtsanalyse bezeichnen. Im Unterschied zu manchen vulgärmarxistischen Vereinfachungen unterscheidet Marx sorgfältig zwischen den verschiedenen Schichten der französischen Gesellschaft und beachtet auch die Differenzen innerhalb der Bourgeoisie selbst. Die Entwicklung von der Februarrevolution 1848 bis zum Staatsstreich des dritten Napoleon interpretiert er als eine Auseinandersetzung von Parteien und Personen, die jeweils die Interessen anderer Schichten der Bourgeoisie zum Ausdruck bringen – bis sich die französische Bourgeoisie angesichts der als drohend empfundenen „Herrschaft des arbeitenden Proletariats" dem „Lumpenproletariat", an dessen Spitze Louis Bonaparte stand, ausgeliefert hatte (MEW 8, 194). Der Bonapartismus war die erste „moderne", scheindemokratisch legitimierte Diktatur. Ihre charakteristischen Züge hat Marx im letzten Kapitel seines Buches eindringlich analysiert. Dabei porträtiert er die verängstigte Bourgeoisie, die – um der vermeintlich bevorstehenden proletarischen Revolution zu entgehen – auf die Parlamentsherrschaft verzichtet und die Exekutivgewalt zur alleinherrschenden politischen Schicht macht, sowie das in der „Gesellschaft vom 10. Dezember" organisierte Lumpenproletariat, das eine Art Leibwache Louis Bonapartes bildet, und schließlich die kleinbäuerliche Bevölkerungsmehrheit Frankreichs, die – geblendet von dem großen Namen und in Erinnerung an die Wohltaten des Onkels – dem „kleinen Napoleon" am 10. 12. 1848 eine überwältigende Stimmenmehrheit verschaffte.

Marx beginnt seine abschreckende Beschreibung mit einer Darstellung der „Exekutivgewalt mit ihrer ungeheueren bürokratischen und militärischen Organisation, mit ihrer weitschichtigen und künstlichen Staatsmaschinerie, einem Beamtenheer von einer halben Million, neben einer Armee von einer andern halben Million" (196). Diese riesige Bürokratie wurde aus einer Bevölkerung von gerade 35 Millionen rekrutiert. Marx charakterisiert diese Bürokratie als einen „fürchterlichen Parasitenkörper, der sich wie eine Netzhaut um den Leib der französischen Gesellschaft schlingt und ihr alle Poren verstopft“ (a.a.O.). Entstanden waren die Anfänge dieser Bürokratie zur Zeit der absoluten Monarchie, der sie zur Disziplinierung des Feudaladels diente. Aus den Privilegien der adligen Grundeigentümer wurden „ebensoviele Attribute der Staatsgewalt“, „feudale Würdenträger“ wurden durch „bezahlte Beamte“ ersetzt und die feudale Unübersichtlichkeit durch „den geregelten Plan einer Staatsmacht, deren Arbeit fabrikmäßig geteilt und zentralisiert ist“, überwunden (197).

In der ersten französischen Revolution diente die Bürokratie dazu, „alle lokalen, territorialen, städtischen und provinziellen Sondergewalten zu brechen, um die bürgerliche Einheit der Nation zu schaffen“ (197). Die Restauration der Bourbonen und die Julimonarchie (1830) „fügten nichts hinzu als eine größere Teilung der Arbeit“, die mit der gleichzeitigen „Teilung der Arbeit innerhalb der bürgerlichen Gesellschaft“ korrespondierte und entsprechend „neue Gruppen von Interessen schuf, also neues Material für die Staatsverwaltung“ (a.a.O.). Die „parlamentarische Republik endlich sah sich in ihrem Kampfe wider die Revolution gezwungen, mit den Repressivmaßregeln die Mittel und die Zentralisation der Regierungsgewalt zu verstärken. Alle Umwälzungen vervollkommneten diese Maschinerie, statt sie zu brechen. Die Parteien, die abwechselnd um die Herrschaft rangen, betrachteten die Inbesitznahme dieses ungeheueren Staatsgebäudes als die Hauptbeute des Siegers“ (a.a.O.).

Dennoch vollzog sich jetzt – unter Louis Bonaparte – ein entscheidender Umschwung. Erst jetzt „scheint sich der Staat völlig verselbständigt zu haben. Die Staatsmaschine hat sich der bürgerlichen Gesellschaft gegenüber so befestigt, daß an ihrer Spitze der Chef der Gesellschaft vom 10. Dezember genügt, ein aus der Fremde herbeigelaufener Glücksritter…“ Angesichts dieser Machtübernahme fühle sich Frankreich gedemütigt und entehrt (a.a.O.).

Sosehr aber auch – auf einen oberflächlichen Blick – diese bürokratische Staatsherrschaft „in der Luft" zu schweben scheine, habe sie doch eine reale – und sogar ziemlich breite – „Klassenbasis", die „französischen Parzellenbauern" (198). Das Geheimnis der formal demokratisch errungenen Herrschaft Louis Bonapartes liegt an dem sozialen und psychischen Zustand der Parzellenbauern. Diese Interpretation des Ursprungs der diktatorischen und bürokratischen Staatsmacht hat die kleine Schrift von Marx zu Recht berühmt gemacht und ihm posthumes Lob selbst von Kritikern des Marxismus eingetragen. Entscheidend für die Lage und das Bewußtsein der Parzellenbauern war ihre lokale Isoliertheit und ihr niedriges Bildungsniveau. „Die Parzellenbauern bilden eine ungeheure Masse, deren Glieder *in gleicher Situation leben,* aber ohne in mannigfache Beziehung zueinander zu treten. Ihre Produktionsweise *isoliert sie voneinander,* statt sie in wechselseitigen Verkehr zu bringen. Ihre Isolierung wird gefördert durch die schlechten französischen Kommunikationsmittel und die Armut der Bauern ..." (198). Armut und geringe Größe der Parzelle läßt keine „Teilung der Arbeit und keine Anwendung der Wissenschaft" zu. „Jede einzelne Bauernfamilie genügt beinahe sich selbst, produziert unmittelbar selbst den größten Teil ihres Konsums." Der Austausch mit der Natur spielt eine weit größere Rolle als der Verkehr mit der Gesellschaft. Parzelle liegt gleichsam unverbunden neben Parzelle. „Ein Schock davon macht ein Dorf, ein Schock von Dörfern macht ein Departement" (198). Im Durchschnitt lebten damals 75 % der Franzosen auf dem Lande (in Gemeinden unter 2000 Einwohnern), in manchen Departements waren es sogar 85 %.

Zweifellos waren die Parzellenbauern eine besondere „Klasse" „insofern (nämlich) Millionen von Familien unter ökonomischen Existenzbedingungen leben, die ihre Lebensweise, ihre Interessen und ihre Bildung von denen der andern Klassen trennen und ihnen feindlich gegenüberstellen", aber „insofern nur (ein) lokaler Zusammenhang unter den Parzellenbauern besteht, die *Dieselbigkeit ihrer Interessen keine Gemeinsamkeit, keine nationale Verbin-*

dung und keine politische Organisation unter ihnen erzeugt, bilden sie keine Klasse" (198). Es ist bemerkenswert, daß Marx hier den Begriff der Klasse – jedenfalls in einem vollen Wortsinn – von einem Bewußtsein der Zusammengehörigkeit und sogar von einer nationalen Organisation der objektiv eine Klasse bildenden Personen abhängig macht. Klasse, Klassenbewußtsein und Klassenorganisation gehören demnach eng zusammen. Da die Parzellenbauern unfähig sind, sich zu einer Partei zu vereinigen, können sie auch nicht „ihr Klasseninteresse im eigenen Namen, sei es durch ein Parlament, sei es durch einen Konvent geltend ... machen. Sie *können sich nicht vertreten, sie müssen vertreten werden.* Ihr Vertreter muß zugleich als ihr *Herr,* als eine Autorität über ihnen erscheinen, als eine unumschränkte Regierungsgewalt, die sie vor den andern Klassen beschützt und ihnen von oben Regen und Sonnenschein schickt. Der politische Einfluß der Parzellenbauern findet also darin seinen Ausdruck, *daß die Exekutivgewalt sich die Gesellschaft unterordnet*" (198 f.). Diese Analyse macht deutlich, wie sehr Marx in seiner Beurteilung der parlamentarischen Demokratie von der „Normallage" des sich politisch organisierenden Bürgertums ausgeht. Wo eine Klasse außerstande ist, sich – so wie das städtische Bürgertum – eine eigene politische Organisation zu geben, folgt aus dem ihr erteilten Wahlrecht die Möglichkeit einer plebiszitär legitimierten Errichtung einer absoluten Herrschaft über die Gesellschaft.

Schließlich geht Marx noch auf die mythische Bedeutung des Namens Napoleon für die Masse der Parzellenbauern ein sowie auf die „napoleonischen Ideen", für die sie empfänglich war. Dem autoritären Regime entspricht die am 15. März 1850 dekretierte Zulassung von Klerikern zum Schulunterricht und die Wiederherstellung der Rolle der Kirche als „Ordnungsmacht". Für verarmte Bauernsöhne bildeten die unteren Ränge der staatlichen Bürokratie und der Armee „eine Art von respektablen Almosen" (202). Das Übergewicht der Armee gegenüber anderen Ämtern und der Nationalismus erinnerten ebenso an die Zeit des großen Onkels.

Wie die meisten späteren Diktatoren möchte auch Napoleon III. „der patriarchalische Wohltäter aller Klassen“ sein. „Aber er kann keiner geben, ohne der andern zu nehmen ... Er möchte ganz Frankreich stehlen, um es an Frankreich (zu) verschenken, oder vielmehr um Frankreich mit französischem Gelde wiederkaufen zu können ...“ (206). Das Regime ist von vornherein korrupt und die „anrüchige, plünderungslustige Bohème, die mit ... grotesker Würde in galonierte Röcke kriecht ...“ (a.a.O.) ist dafür charakteristisch.

Trotz der im ganzen deprimierenden Situation Frankreichs sieht Marx auch hier noch die Chance einer künftigen revolutionären Veränderung. Die Parzellenbauern, die in der ersten Revolution von Feudallasten befreit wurden und denen Napoleon I. ihren Besitz gesichert hatte, verarmen zunehmend, sind überschuldet und werden obendrein von hohen Steuern erdrückt. Auch wenn Priester sie beruhigen und Polizisten sie kontrollieren und drangsalieren, der „Gegensatz der Staatsgewalt zur Gesellschaft“ werde doch weiter zunehmen und die Parzellenbauern an die Seite des städtischen Proletariats führen.

10. Das unvollendete Hauptwerk und die Vorarbeiten

Nach der Niederlage der europäischen Revolutionen der Jahre 1848/49 und dem Staatsstreich Louis Bonapartes setzte Marx seine revolutionäre Hoffnung in erster Linie auf England und die britische Arbeiterbewegung. Ein aufschlußreiches Dokument für diese Hoffnung ist ein Artikel der New York Daily Tribune vom 25.8. 1852 über „die Chartisten". England sei zwar noch kein allein von der Bourgeoisie beherrschtes Land, aber die Freihändler repräsentieren das moderne, den Weltmarkt dominierende England, und ihr baldiger Sieg erscheint Marx daher als unvermeidlich. „Diese Kämpfe der britischen Bourgeoisie, diese Männer der Manchesterschule sehen ... in jeder Einrichtung Old Englands eine Maschinerie, die ebenso kostspielig wie nutzlos ist und die keinen anderen Zweck erfüllt, als die Nation daran zu hindern, so viel wie möglich und so billig wie möglich zu produzieren und ihre Produkte frei auszutauschen" (MEW 8,434). Der Thron, die Pfründe des Adels, das Oberhaus, das große stehende Heer – das alles sind in ihren Augen „faux frais" (unnötige Kosten), die abgeschafft gehören. Ihr Ziel, meint Marx, sei eine Parlamentsreform und damit – vielleicht ihnen selbst nicht bewußt – „die gänzliche Auflösung Old Englands" (a.a.O.). Als vorsichtige Engländer gehen sie friedlich und langsam voran, ohne die Aristokraten zu sehr vor den Kopf zu stoßen, aber schließlich würden sie doch gezwungen sein, „ihre Mission zu erfüllen". „*Von dem Augenblick aber*, wo sie die *politische Macht über sich allein erobert haben,* wo die politische Macht und ökonomische Herrschaft in ihren Händen vereint sind und der Kampf gegen das Kapital sich nicht mehr von dem Kampfe gegen die bestehende Regierung unterscheidet – genau von diesem Augenblick *datiert die soziale Revolution in England*" (344). Damit bekommen die Chartisten ihre aktuelle Bedeutung. Sie wollen das allgemeine Wahlrecht, geheime Abstimmung und Diäten erkämpfen und die Manchesterleute müssen ihnen, um die Aristokratie zurückzudrängen, entgegenkommen. Sobald aber das allgemeine Wahlrecht eingeführt ist, kommt das englische Proletariat an die Macht, denn es bildet in England – im Unterschied zu den kontinentalen Staaten – die Bevölkerungsmehrheit. Auch auf dem Lande gibt es fast nur noch Pächter und Lohnarbeiter, kaum selbständige Bauern. „Hier (in England) wäre ... die politische Herrschaft der Arbeiterklasse" das „unvermeidliche Ergebnis" des allgemeinen Wahlrechts.

Von den siegreichen Chartisten in England ausgehend, erwartet (oder erhofft) sich Marx auch die seiner Meinung nach überfällige europäische Revolution, die, von Frankreich politisch vorangetrieben, auch in den deutschen Staaten übernommen werden würde.

Aber die Chartisen sollten Marx enttäuschen. In dem Maße, wie ihm bewußt wurde, daß die proletarische Revolution nicht unmittelbar bevorstand, wandte er sich wieder – mit einem ungemein großen, langjährigen Arbeitsaufwand – seinem wissenschaftlichen Hauptwerk zu: der „Kritik der politischen Ökonomie". Für dieses Buch hatte er schon mehrfach Verträge mit Verlagen abgeschlossen, die Veröffentlichung aber immer wieder hinausgeschoben. Zahlreiche kommentierte Exzerpte aus Schriften der englischen Ökonomen fertigte Marx von 1844 bis in die sechziger Jahre hinein an. Ein erster genialer Entwurf waren die „Pariser Manuskripte" über „Nationalökonomie und Philosophie", in der „Neuen Rheinischen Zeitung" publizierte er eine Artikelserie über „Lohnarbeit und Kapital" (1848/49), und 1859 erschien endlich als Buch „Zur Kritik der politischen Ökonomie", „Erstes Heft". Erst 1867 folgte mit dem ersten Band des „Kapital" eine Fortsetzung.

Im Vorwort der „Kritik der politischen Ökonomie" kündigt Marx den Plan seiner großen Publikation an: „das System der bürgerlichen Ökonomie“ soll nacheinander „Kapital, Grundeigentum, Lohnarbeit, Staat, auswärtigen Handel, und Weltmarkt“ zum Thema haben. Das vorliegende „erste Heft“ „I. Das Kapital im allgemeinen“ behandelt aber lediglich die Kategorien Ware, Geld oder die einfache Zirkulation, Geld als Schatzbildungs- und Zahlungsmittel sowie Weltgeld. Endlich noch „Theorien über Zirkulationsmittel und Geld“. Da diese Thematik in späteren Arbeiten – vor allem im „Kapital“ und den Vorarbeiten der Jahre 1857/58 und 1861/63, 1863/67 klarer und weit umfassender dargestellt wird, begnüge ich mich mit einem gekürzten Zitat aus dem berühmten Vorwort. Dieses Zitat gilt als die klassische Definition dessen, was später – von Engels und den „Marxisten“ – als „historischer Materialismus“ bezeichnet wird. Den Grundgedanken haben wir schon in den freieren Formulierungen der „Deutschen Ideologie“ kennengelernt: Die Menschen sind genötigt, „von ihrem Willen unabhängige ... Produktionsverhältnisse“ einzugehen, „die einer bestimmten Entwicklungsstufe ihrer materiellen Produktivkräfte entsprechen“. Die „Gesamtheit dieser Produktionsverhältnisse bildet die ökonomische Struktur der Gesellschaft, ihre ökonomische Basis, worauf sich ein juristischer und politischer Überbau erhebt“. Diesem Überbau „entsprechen“ wiederum „bestimmte gesellschaftliche Bewußtseinsformen“. Und noch einmal distanziert sich Marx nachdrücklich von seinen früheren Freunden, den Junghegelianern, die die Welt dadurch verändern wollten, daß sie das Bewußtsein und Selbstbewußtsein der Menschen änderten. „Die Produktionsweise *des materiellen Lebens bedingt den* sozialen, politischen und *geistigen Lebensprozeß überhaupt.* Es ist *nicht das Bewußtsein der Menschen, das ihr Sein, sondern umgekehrt ihr gesellschaftliches Sein, das ihr Bewußtsein bestimmt*“ (MEW 13, 8 f.). Die undeutliche Formulierung „bestimmt“ hat Anlaß zu zahlreichen Kontroversen gegeben. Die vulgärmaterialistische Deutung „erzeugt“ oder „produziert“ ist jedenfalls irreführend; Marx hätte dieses Wort sonst selbst gebraucht. Außerdem wird in dieser Kurzformulierung die bekannte Tatsache ausgeklammert, daß natürlich auch das Bewußtsein auf das praktische Verhalten und die Beziehungen der Menschen einwirkt, daß sie jedenfalls nicht total und ausschließlich von ihren sozialen Verhältnissen „determiniert" werden. Marx fügt jedoch in dem zitierten Abschnitt des Vorworts hinzu, man müsse die „materiellen, naturwissenschaftlich treu zu konstatierenden Umwälzungen in den ökonomischen Produktionsbedingungen" von den „juristischen, politischen, religiösen, künstlerischen oder philosophischen, *kurz ideologischen Formen, worin sich die Menschen dieses Konflikts bewußt werden* und ihn *ausfechten", unterscheiden* (9). So bildeten sich z. B. die jakobinischen Revolutionäre ein, sie könnten in Frankreich die römische Republik wieder auferstehen lassen, und schöpften aus dieser ideologischen Illusion zusätzliche Begeisterung und Kraft, um in Wirklichkeit doch nur die bürgerliche Konkurrenzgesellschaft aus ihren feudalen Fesseln zu befreien. *Ideologie* ist also – in diesem Sinne – ein *„falsches Bewußtsein"*, das aber durchaus nützlich sein kann.

Noch so radikale, kritische und revolutionäre Ideen haben aber keine Chancen, zu einer gesellschaftlichen Umwälzung zu führen, *„bevor die materiellen Existenzbedingungen" für eine neue Gesellschaftsformation im „Schoße der alten" entwickelt worden sind.* „Eine Gesellschaftsordnung geht nie unter, *bevor alle Produktivkräfte entwickelt sind, für die sie weit genug ist...*" (a.a.O.). Die historisch aufeinanderfolgenden Produktionsweisen sind: *„asiatische, antike, feudale und modern bürgerliche"*, diese aber ist die „letzte antagonistische Form der gesellschaftlichen Produktion"; auf sie folgt der radikalste Bruch mit der gesamten bisherigen Geschichte, die damit „zur Vorgeschichte" der menschlich emanzipierten Gesellschaft wird.

Nicht nur der Anspruch, den Weg zur bevorstehenden, aus den Entwicklungsbedingungen der kapitalistischen Gesellschaft hervorgehenden Zukunftsgesellschaft zeigen zu können, drückt den enormen Ehrgeiz von Marx aus, sondern auch sein Anspruch als universaler Wissenschaftler, dem er – wohl nach seiner eignen Einschätzung – nicht ganz gerecht geworden ist. In einem Brief an Ferdinand Lassalle vom 22.2.1858 berichtet er über den Beginn seiner „ökonomischen Arbeit“: „Ich habe in fact die finale Ausarbeitung seit einigen Monaten unter der Hand. Die Sache geht aber sehr langsam voran, weil Gegenstände, die man seit vielen Jahren zum *Hauptobjekt seiner Studien* gemacht, sobald schließlich mit ihnen abgerechnet werden soll, immer wieder neue Seiten zeigen und neue Bedenken sollizitieren“ (MEW 29,550). Da er im übrigen nebenher durch Zeitungsartikel seinen Lebensunterhalt verdienen müsse, könne er sich nicht einmal ganz dieser Hauptarbeit widmen. Die inneren Schwierigkeiten dürften aber weit gewichtiger gewesen sein, denn selbst in den Jahren, als er – durch eine von Friedrich Engels ihm ausgesetzte beachtliche Rente – ganz von Erwerbsarbeit freigestellt war, kam er nicht zu dem erhofften definitiven Abschluß der Arbeit: Insbesondere die Teile Staat, auswärtiger Handel und Weltmarkt hat Marx nicht einmal im Entwurf bearbeitet, auch wenn kürzere oder längere Passagen über Handel und Weltmarkt im „Kapital“ vorkommen.

„Das Kapital. Kritik der politischen Ökonomie. Erster Band“

Im Vorwort zum Kapital weist Marx noch einmal auf die Bedeutung der wirtschaftlichen und sozialen Entwicklung Englands für die bevorstehende europäische oder Weltrevolution hin: „Wie der amerikanische Unabhängigkeitskrieg des 18. Jahrhunderts die Sturmglocke für die europäischen Mittelklassen läutete, so der amerikanische Bürgerkrieg des 19. Jahrhunderts für die europäische Arbeiterklasse...“ (MEW 23,15; MEGA II, 5, S. 13). England werde den kontinentalen Gesellschaften vorausgehen. Am englischen Beispiel und mit Benützung der britischen Ökonomen will Marx „die Anatomie der bürgerlichen Gesellschaft“, ihr „Wesen“ und ihre über sich hinausdrängende Dynamik darstellen. Seine –

nicht ohne Benutzung des von Hegel entwickelten Denkens erfolgende – systematisch-logische Darstellungsweise ist zugleich eine immanente Kritik. Kritik wird nicht von außen an die Wirklichkeit herangetragen, sondern an der inneren Widersprüchlichkeit des Verhältnisses selbst aufgewiesen. Die Reflexion auf die Realität der kapitalistischen Ökonomie in den Theorien der „Klassiker" – von Steuart über Adam Smith bis zu David Ricardo und Sismondi – wird als Teil des sich entwickelnden Ganzen kritisch aufgefaßt. Die Gliederung der drei geplanten Bände, von denen Marx nur den ersten in eine definitive Form gebracht hat, stand seit etwa 1867 fest: Der erste Band stellt den „Produktionsprozeß des Kapitals" dar, der zweite „den Zirkulationsprozeß" und der dritte „den Gesamtprozeß". Erst in diesem dritten Band erreicht die Rekonstruktion des Wirtschaftsprozesses die Ebene, auf der die Darstellung mit den beobachtbaren Erscheinungen übereinstimmt. Alle drei Teile waren in Entwürfen, die inzwischen, soweit erhalten, aus dem Nachlaß veröffentlicht worden sind, schon fertig, als Marx dem ersten Band seine definitive Form gab (die er 1872 in der 2. deutschen Ausgabe und 1872–75 für die französische Ausgabe noch einmal korrigiert hat).

Manche Kritiker der Marxschen „Kritik der politischen Ökonomie" haben den Charakter dieser logisch-strukturellen Rekonstruktion mißverstanden, und Marx war an diesem Mißverständnis nicht ganz unschuldig, da er zuweilen reale „Beispiele" für seine Darstellung heranzieht, die eigentlich nicht zu der systematischen Abstraktionsebene gehören. Der Band beginnt mit den *elementaren Kategorien* der „bürgerlichen Produktionsweise": *Ware, Geld* und *Kapital.* Schon in der außerordentlich scharfsinnigen Entwicklung dieser Kategorien und ihrer immanenten „Zwieschlächtigkeit" und Widersprüchlichkeit (die doch zugleich eine Einheit bildet) ist der Kerngedanke der Kritik enthalten.

„Der Reichtum der Gesellschaften, in welchen kapitalistische Produktionsweise herrscht, erscheint als eine ‚ungeheuere Warensammlung', die einzelne Ware als seine Elementarform" (MEW 23,

49; MEGA II, 5, S. 17). Nicht jedes Produkt menschlicher Tätigkeit ist eine Ware, sondern nur das Produkt, das für den „Tausch" hergestellt wird, dessen Zweck also der Verkauf (der Tausch gegen Geld) ist. Um gekauft zu werden, muß jede Ware einen erkennbaren *Gebrauchswert* haben, sei es zum direkten Konsum, sei es, um etwas mit ihrer Hilfe zu produzieren (Werkzeuge, Maschinen usw.). Von diesem Gebrauchswert muß man den „Wert" unterscheiden, der angibt, gegen welche Quantität eines anderen Produkts die betreffende Ware eingetauscht werden kann. Die Ware selbst ist also widerspruchsvolle Einheit von konkretem Gebrauchswert und abstraktem Wert. Die Besonderheit der Marxschen Darstellung besteht unter anderem darin, daß er Gebrauchswert und Wert auf zwei unterschiedliche Arten von *„Arbeit"* zurückführt: Gebrauchswerte sind das Resultat bestimmter, „konkreter Arbeit", z. B. Weberarbeit, die Leinwand erzeugt, Schneiderarbeit, die einen Rock herstellt. Der Wert dagegen ist das Ergebnis „abstrakt allgemeiner Arbeit", „Gallerte unterschiedsloser menschlicher Arbeit". Diese abstrakte Arbeit ist das einzige, was in den höchst unterschiedlichen Gebrauchswerte darstellenden Waren *„gleich"* ist. Dieser „Wert" wird gemessen in Arbeitszeit, allerdings nicht in der unterschiedlichen Arbeitszeit, die ein einzelner Arbeiter benötigt, um eine bestimmte Ware herzustellen, sondern „in der *gesellschaftlich notwendigen Arbeit*" (MEW 23, 54). Damit ist die Arbeitszeit gemeint, die im Durchschnitt bei einem bestimmten Stand der Entwicklung der Arbeitsproduktivität in einer Gesellschaft benötigt wird, um das betreffende Produkt herzustellen.

In der Bemühung, jedes Mißverständnis auszuschließen, geht Marx gelegentlich so weit ins Detail, daß der Leser eher irritiert wird. So, wenn er feststellt, „ein Ding kann Gebrauchswert sein, ohne Wert zu sein. Es ist dies der Fall, wenn sein Nutzen für den Menschen nicht durch Arbeit vermittelt ist. So Luft, jungfräulicher Boden, natürliche Wiesen, wildwachsendes Holz" (55). „Wer durch sein Produkt *eigenes* Bedürfnis befriedigt, schafft zwar Gebrauchswert, aber nicht Ware. Um Ware zu produzieren, muß er nicht nur Gebrauchswerte produzieren, sondern Gebrauchswert für andre, gesellschaftlichen Gebrauchswert" (a.a.O.). Aber auch das genügt noch nicht, ein Bauer im Feudalismus z. B., der „Zinskorn für den Feudalherrn ... produziert", produziert keine Ware. „Um Ware zu werden, muß das Produkt dem andern, dem es als Gebrauchswert dient, durch Austausch [d. h. auf den freien Markt, I. F.] übertragen werden..." (a.a.O.). Der *Doppelcharakter der Ware* ist also Ausdruck des *Doppelcharakters der Arbeit.* Abstrakt allgemeine Arbeit konnte erst als Kategorie auftauchen, nachdem in der empirischen Wirklichkeit die Arbeit durch Arbeitsteilung, Anwendung von Maschinerie usw. auch real „so abstrakt geworden war", daß diese theoretische Erkenntnis heranreifen konnte. „Als Bildnerin von Gebrauchswerten ist die Arbeit eine von allen Gesellschaftsformationen unabhängige Existenzbedingung der Menschen, ewige Naturnotwendigkeit, um den Stoffwechsel zwischen Mensch und Natur, also das menschliche Leben zu vermitteln" (57). Arbeit, die Waren produziert, taucht aber erst in einer entwickelten kapitalistischen Gesellschaft massenhaft auf, in der sie zugleich „abstrakt allgemeine Arbeit" ist. Marx war sich über die Bedeutung dieser – über Ricardo hinausführenden – Erkenntnis wohl bewußt. In Briefen an Engels weist er wiederholt darauf hin, „daß den Ökonomen ohne Ausnahme das Einfache entging, daß, wenn die Ware das Doppelte von Gebrauchswert und Tauschwert, auch die in der Ware dargestellte Arbeit Doppelcharakter besitzen muß, während die bloße Analyse auf Arbeit sans phrase wie bei Smith, Ricardo usw. überall auf Unerklärliches stoßen muß. Es ist dies in der Tat das ganze Geheimnis der kritischen Auffassung" (Brief an Engels vom 8. 1. 1868, MEW 32, 11, zuvor auch am 24. 8. 1867, MEW 31, 326). Marx würde freilich zugeben, daß sein Unterfangen, abstrakte Kategorien zur Analyse von Arbeit aufzufinden, durch die entwickelte Produktionsweise erleichtert wurde: „Die Gleichgültigkeit gegen die bestimmte Arbeit entspricht einer Gesellschaftsform, worin die Individuen mit Leichtigkeit aus einer Arbeit in die andre übergehen und die bestimmte Art der Arbeit ihnen zufällig, daher gleichgültig ist. Die Arbeit ist hier *nicht nur in der Kategorie*, sondern *in der Wirklichkeit als Mittel zum Schaffen des Reichtums überhaupt* geworden, und hat aufgehört, als Bestimmung mit den Individuen und einer Besonderheit verwachsen zu sein. Dies Beispiel der Arbeit zeigt schlagend, wie selbst die abstraktesten Kategorien, trotz ihrer Gleichgültigkeit – eben wegen ihrer Abstraktion – für alle Epochen, doch in der Bestimmtheit dieser Abstraktion selbst ebensosehr *Produkt historischer Verhältnisse* sind und ihre Vollgültigkeit nur für und innerhalb dieser Verhältnisse besitzen" (Grundrisse, 25, MEGA II, 1, 1, S. 46).

In der Folge stellt Marx eine Reihe von Wertformen dar, die hin zur „Geldform" führt:

a) „Einfache, einzelne oder zufällige Wertform". Eine bestimmte Ware kann ihren Wert in einer beliebigen anderen Ware *„ausdrücken"*. Die beiden „Pole" dieser Beziehung sind „relative Wertform", z. B. ein Rock, und „Äquivalentform", z. B. 20 Ellen Leinwand, in deren Wert sich der Wert des Rockes „ausdrückt". Die quantitative Bestimmung für diese Beziehung ist – wie die Ökonomen seit Smith und Ricardo feststellen – die in ihnen enthaltene Arbeitszeit (genauer: die gesellschaftlich notwendige Arbeitszeit). Über diese einfache Wertform geht

b) die *„totale oder entfaltete Wertform"* (MEW 23, 77) hinaus, sie stellt eine beliebig lange Kette von wertgleichen Waren dar: „z Ware A= u Ware B oder = y Ware C oder = w Ware D oder = x Ware E oder = etc". Diese *endlose Reihe* von Wertgleichungen ist „ein buntes Mosaik auseinanderfallender und *verschiedenartiger Wertausdrücke*" (78). In jeder neuen Ware, mit der verglichen wird, erscheint wieder eine *andere „konkrete, nützliche Arbeit"*, also nicht eine „erschöpfende Erscheinungsform der menschlichen Arbeit" (79). Das ändert sich erst, wenn wir diese Kette der Gleichungen dahingehend umändern, daß wir jede beliebige Ware auf *eine besondere als deren allgemeine Äquivalentform* beziehen:

c) „Allgemeine Wertform"

„1 Rock	=	20 Ellen Leinwand
10 Pfd. Tee	=	
40 Pfd. Kaffee	=	
1 Quarter Weizen	=	
2 Unzen Gold	=	

usw." (79).

Damit haben alle Waren „eine einfache und gemeinschaftliche", „daher allgemeine" Wertform.

Wenn an die Stelle der 20 Ellen Leinwand 2 Unzen Gold als Äquivalent gesetzt werden, haben wir

d) „Die Geldform"

Wiederum listet Marx eine ganze Reihe von Waren auf und setzt sie der „Geldform 2 Unzen Gold" gleich. Damit hat die Wertform ihren definitiven Ausdruck gefunden. Der „Fetischcharakter der Ware" kann jetzt erkannt – oder richtiger: durchschaut – werden: „Der Fetischcharakter der Warenwelt entspringt ... aus dem *eigentümlichen gesellschaftlichen Charakter der Arbeit,* welche Waren produziert... Erst *innerhalb ihres Austauschs* erhalten die Arbeitsprodukte eine von ihrer sinnlich verschiedenen Gebrauchsgegenständlichkeit getrennte, gesellschaftlich *gleiche Wertgegenständlichkeit.* Diese *Spaltung* des Arbeitsprodukts in *nützliches Ding* und Wertding bestätigt sich nur *praktisch,* sobald der Austausch bereits hinreichende Ausdehnung und Wichtigkeit gewonnen hat" (MEW 23, 87).

Immer wieder kommt Marx auf diese „mystische" Eigenschaft der Waren, auf ihren „Fetischcharakter" zurück. Dieser Schein, so seine Erklärung, kommt dadurch zustande, daß den produzierenden, über den Markt ihre Produkte austauschenden Personen nicht bewußt ist, daß es sich hier um ein *„gesellschaftliches Verhältnis“* der *isolierten* Produzenten und Konsumenten handelt. Ihre sozialen Beziehungen erscheinen ihnen vielmehr – *entfremdet* – als Beziehungen von „Sachen“, von Waren, die „Werte“ haben. Die Bezeichnung „Fetischismus“ hat Marx schon 1842 in einem Exzerpt aus (Charles Debrosses) „Über den Dienst der Fetischgötter oder Vergleichung der alten Religionen Egyptens mit der heutigen Religion ...“ (Berlin 1785) gewürdigt und in der Folge wiederholt zur Veranschaulichung der mystifizierenden Wirkung der kapitalistischen Produktionsweise auf deren Teilnehmer und frühe Theoretiker herangezogen.

Ich muß den von Marx sehr sorgfältig und schrittweise vollzogenen Entwicklungsgang seiner Argumentation auf seine wesentlichen Momente verkürzen. Im nächsten Schritt kommt er auf die Warenzirkulation, die in zwei unterschiedlichen Formen analysiert wird: als Austausch von Waren gegen Geld, um mit dem Geld eine andere Ware zu kaufen: W-G-W. Dieser Prozeß ist sinnvoll, weil dem Verkäufer der ersten Ware am Ende ein anderer, von ihm benötigter Gebrauchswert gegenübersteht. Das Geld ist hier lediglich Vermittler, der den Austausch erleichtert. Zwischen W-G-W besteht ein Wert-Verhältnis der Gleichheit, des „Äquivalents“. Geld ist nur „Zirkulationsmittel“ (MEW 23, 118 ff.).

Weit aufschlußreicher ist der für das Kaufmannskapital charakteristische Zirkulationsprozeß, den Marx in der kurzen Formel Geld-Ware-Geld (G-W-G) zusammenfaßt. Hier kann der Sinn der Zirkulation nicht in der Beschaffung eines anderen Gebrauchswertes liegen, denn Geld, das am Ende als gleich wertvoll herauskommt, „macht“ keinen Sinn. Der Prozeß muß also mit einem *zusätzlichen* Geldbetrag enden, wenn er überhaupt in Angriff genommen werden soll: G-W-G'. Wie kann es zu einem solchen höheren Wert – bei doch nach wie vor unterstelltem Äquivalententausch – kommen? Marx spielt nacheinander denkbare Lösungen durch: Kauf unter Wert, Verkauf über Wert usw. Immer stellt es sich aber heraus, daß die *Gesamtheit* der Geldbesitzer (Geld wird hier zu Kapital) dabei *nicht* gewinnen kann, denn der Gewinn des einen entspricht immer genau dem Verlust des (oder der) anderen. *In der Zirkulation* kann also der „Mehrwert" *nicht entspringen.* Er kann aber auch nicht *außerhalb* der Zirkulation entspringen, denn wir haben ja immer nur einen Austauschprozeß vor uns.

Das Geheimnis des „Mehrwerts", so das Resultat langwieriger theoretischer Erwägungen, kann am Beispiel des zunächst auftretenden Handels- und Wucherkapitals nicht gelüftet werden. Das gelingt erst mit Hilfe des – historisch später auftretenden – industriellen Kapitals. Und hier wird eine Lösung gefunden, von der aus – rückwirkend – auch die Entstehung von Mehrwert im Handel und im Bankgewerbe erklärt werden kann.

Die Produktion von Mehrwert durch den Gebrauch der Ware Arbeitskraft

Der „Geldbesitzer" muß, wenn er sein Geld in wirksames Kapital verwandeln will, sowohl Produktionsmittel als auch eigentumslose Lohnarbeiter auf dem Markt vorfinden. Das ist erst dann der Fall, wenn die „ursprüngliche Akkumulation" diesen Zustand geschaffen hat. Im 24. Kapitel des „Kapital" skizziert Marx diesen historischen Vorgang, der eigentlich nicht zu seiner systematisch-logischen Darstellung gehört. In einem letzten Kapitel illustriert er dieses Theorem noch einmal an der „modernen Kolonisationstheorie", für die ihm *Edward Gibbon Wakefields* „England and America" (1833) eindrucksvolle Zitate geliefert hat: „Wakefield entdeckte in den Kolonien, daß das Eigentum an Geld, Lebensmitteln, Maschinen und anderen Produktionsmitteln einen Menschen noch nicht zum Kapitalisten stempelt, wenn die Ergänzung fehlt, der Lohnarbeiter, der andre Mensch, der sich selbst freiwillig zu verkaufen gezwungen ist" (MEW 23, 793). Und Wakefield stellt

– wie Marx meint – ganz zutreffend fest: „Wäre das Kapital unter alle Mitglieder der Gesellschaft in gleiche Portionen verteilt, so hätte kein Mensch ein Interesse, mehr Kapital zu akkumulieren, als er mit eignen Händen anwenden kann. Das ist in gewissem Grad der Fall in den neuen amerikanischen Kolonien, wo die Leidenschaft für Grundeigentum die Existenz einer Klasse von Lohnarbeitern verhindert" (Wakefield Bd. II S. 33). Bis auf die irreführende Bezeichnung „Kapital" für Produktionsmittel, die gerade *nicht* zur Beschäftigung von Lohnarbeitern benützt werden, ist das eine zutreffende Beschreibung. Wie kann es zu einem „Mehrwert" trotz Äquivalententausch kommen? Die verblüffend einfache Antwort lautet, daß Mehrwert erzielt werden kann, wenn der Geldbesitzer „glücklich genug" ist, auf dem Markt eine Ware zu finden, deren *Gebrauchswert* mehr Wert zu erzeugen imstande ist, als ihrem eigenen Wert entspricht. Diese Ware ist die *menschliche Arbeitskraft.* Durch den Kauf von Arbeitskraft verwandelt sich Geld in Kapital. Das Kapital ist nicht – wie vulgärökonomisch oder alltagssprachlich angenommen wird – ein Ensemble von Maschinen, Werkstoffen, Geld usw., sondern Resultat einer spezifischen Beziehung von Menschen, von denen die einen über Eigentum an diesen „Produktionsmitteln" verfügen, während die anderen allein ihre eigene Arbeitskraft auf den (Arbeits-)Markt bringen können.

Der „Wert der Ware Arbeitskraft", um deren Kauf es hier geht, wird – wie der Wert aller Waren – mit Hilfe der zu ihrer Herstellung „gesellschaftlich notwendigen Arbeitszeit" bestimmt. Es handelt sich genaugenommen nicht darum, den Arbeiter mit seiner Arbeitskraft in einer bestimmten Zeit zu „produzieren" – das war im übrigen die bekannte Hypothese von Thomas Malthus – sondern lediglich um die Zeit, die erforderlich ist, um den – kulturell unterschiedlichen – Warenkorb herzustellen, der ausreicht, um den Arbeiter (und seine Familie) am Leben und arbeitsfähig zu erhalten. Der Wert der Ware Arbeitskraft verändert sich daher unter verschiedenen Bedingungen: Er ist höher in einer Gesellschaft mit höheren kulturellen Mindeststandards (heute z.B. in

Europa, Nordamerika und Japan) als in Gesellschaften mit einem niedrigeren Lebensstandard. Der Wert der Ware Arbeitskraft sinkt aber – jedenfalls im Prinzip –, wenn eine höhere Arbeitsproduktivität in dem Sektor der Wirtschaft herrscht, der Lebensmittel und Gebrauchsgegenstände des Arbeiter-Konsums erzeugt. Das Paradox, daß die Arbeit, je produktiver sie wird, selbst den *Wert* der Ware Arbeitskraft senkt, gehört zu den Widersprüchen dieser Produktionsweise, auf die Marx immer wieder aufmerksam macht.

An der sichtbaren Oberfläche, die hier durch „die Sphäre der Zirkulation“ dargestellt wird und „innerhalb deren Schranken Kauf und Verkauf der Arbeitskraft sich bewegt“, scheint dagegen alles in Ordnung zu sein: „Was allein hier herrscht ist Freiheit, Gleichheit, Eigentum und Bentham.* Freiheit! Denn Käufer und Verkäufer einer Ware, z. B. der Arbeitskraft, sind nur durch ihren freien Willen bestimmt. Sie kontrahieren als freie, rechtlich ebenbürtige Personen. Gleichheit! Denn sie beziehen sich nur als Warenbesitzer aufeinander und tauschen Äquivalent für Äquivalent. Eigentum! Denn jeder verfügt über das Seine. Bentham! Denn jedem von beiden ist es nur um sich zu tun. Die einzige Macht, die sie zusammen und in ein Verhältnis bringt, ist die ihres Eigennutzes, ihrer ... Privatinteressen“ (MEW 23, 189 f.). Unter diesem Schein findet aber in Wirklichkeit ein – für den Kapitalisten höchst vorteilhafter – „Ausbeutungsprozeß“ statt.

Die zu ihrem aktuellen Wert gekaufte Arbeitskraft wird vom Unternehmer „produktiv konsumiert“, d. h. er verwendet sie zur Herstellung von für den Markt bestimmten Waren. Die Zeit, während der die Arbeitskraft produktiv tätig ist, richtet sich nach den gesellschaftlichen Machtverhältnissen. Seit Beginn der neuzeitlichen Marktwirtschaft und ihrer dynamischen Entwicklung nahm – im Gegensatz zur ständig sich steigernden Arbeitsproduktivität – die durchschnittliche Arbeitszeit sogar zu. Die Überlegenheit der

---

* Jeremy Bentham (1748–1832), englischer Theoretiker der Nützlichkeitsphilosophie (Utilitarismus). Von Marx als „Genie in der bürgerlichen Dummheit“ bezeichnet.

protestantischen Länder über die katholischen wird durch den Wegfall zahlreicher kirchlicher Feiertage und den vor allem im Puritanismus gepflegten Geist der „innerweltlichen Askese" gefördert. Aus der Differenz zwischen dem realen Arbeitstag der Beschäftigten und dem Zeitaufwand für die Reproduktion des Wertes der Ware Arbeitskraft, d. h. zur Herstellung ihres „Warenkorbs", ergibt sich ein *Mehrwert.* Der Arbeiter kann länger arbeiten, als seinem eigenen Wert entspricht, und während dieser Stunden, die er weiterarbeitet, erzeugt er Mehrwert. Mehrarbeit erzeugt Mehrwert. Mehrwert ist die Voraussetzung für Kapitalprofit. Noch ausführlicher kann man sagen: Mehrarbeit erzeugt Mehrprodukt, Mehrprodukt enthält Mehrwert, und aus diesem Mehrwert entsteht – durch eine andere Berechnung – der Kapitalprofit.

Die Mehrwertrate

Als Mehrwertrate bezeichnet Marx das Verhältnis des für Löhne ausgegebenen Geldbetrags zum Arbeitslohn. Dabei muß der Geldlohn als Nenner, der Mehrwert als Zähler erscheinen:

$\frac{m}{v}$ Mehrwert geteilt durch „variables Kapital"
(des für Löhne benötigten Kapitalanteils)

Wenn der Mehrwert z. B. 100 beträgt und das variable Kapital ebenfalls 100, dann erhalten wir eine Mehrwertrate von 100 %.

Die Arbeitszeit, während der lediglich der Wert des variablen Kapitals ersetzt wird, nennt Marx „notwendige Arbeitszeit"; diejenige, in der ein Mehrprodukt mit Mehrwert erzeugt wird, „Mehrarbeitszeit" oder „Surplusarbeit". Nur wenn die Arbeiter entsprechende Mehrarbeit leisten, wird der Kapitalist sie anstellen, weil er ohne diese Mehrarbeit weder Mehrwert noch Profit erzielen könnte. Das Verhältnis der Mehrarbeit (in Stunden) zur notwendigen Arbeitszeit stellt den Exploitationsgrad der Arbeit dar.

Angenommen, die notwendige Arbeit(szeit) betrüge 6 Stunden, dann entstünden bei einem Arbeitstag von

7 Stunden eine Mehrwertrate von $\frac{1}{6} = 16\frac{2}{3}\,\%$
9 Stunden eine Mehrwertrate von $\frac{3}{6} = 50\,\%$
12 Stunden eine Mehrwertrate von $\frac{6}{6} = 100\,\%$.

Durch die Verlängerung des Arbeitstages entsteht der *„absolute Mehrwert“*, der in der Frühphase der kapitalistischen Marktwirtschaft die wichtigste Rolle spielte. Marx unterscheidet in einem erst aus dem Nachlaß veröffentlichten Text „Resultate des unmittelbaren Productionsprocesses“ (MEGA II, 4.1 S. 24 ff.) zwischen einer (nur) „formellen Subsumtion der Arbeit“ unter das Kapital und einer „reellen Subsumtion“, die erst „die spezifische kapitalistische Produktionsweise“ darstellt. Formell subsumiert sich das Kapital die Arbeit, indem es die vorhandenen Produktionsmittel – z.B. in der Landwirtschaft oder im Handwerk – unter ihr Kommando stellt. Die *Art und Weise, wie produziert wird, ändert sich dann noch nicht* – jedenfalls nicht prinzipiell. Es wird lediglich der *Zweck* der Produktion: die Erzielung von Mehrwert und damit Profit zum eigentlichen Sinn des Produzierens gemacht. Am Beispiel des Übergangs von der feudalen Nutzung großagrarischer Betriebe zu deren kapitalistischer Nutzung läßt sich das leicht verdeutlichen. Der klassische Feudaleigentümer nützt das Einkommen aus seinem Gutsbetrieb, um seine Konsummöglichkeiten zu verbessern: Er stellt zahlreiches dienendes Personal ein, baut prächtige Landhäuser, kauft wertvolle Gemälde usw. Vom Standpunkt des kapitalistischen Unternehmers ist die Beschäftigung von Dienstpersonal „unproduktive Arbeit“, weil sie nicht zu einer Vermehrung des Reichtums führt. Dieses Personal wird von der „Revenue“ bezahlt und stellt – betriebswirtschaftlich gesehen – „faux frais“ (unnötige Kosten) der Produktion dar. Es müßte von einem kapitalistisch kalkulierenden Unternehmer als unnötig entlassen werden. Wenn dagegen Arbeiter auf einer zum Gut gehörigen Schnapsfabrik arbeiten, sind sie „produktive Arbeiter", denn die Produkte ihrer Tätigkeit sind Waren, die zu ihrem Wert verkauft einen „Mehrwert" darstellen und damit Profit ermöglichen.

Eine „reelle Subsumtion der Arbeit unter das Kapital" findet erst dann statt, wenn sich das Profitdenken *in die Gestaltung des Produktionsprozesses selbst* einmischt und für eine Steigerung der Produktivkraft der Arbeit sorgt – durch erweiterte innerbetriebliche Arbeitsteilung, Einsatz von Maschinen, umfassendere Kooperation unter den verschiedenen Arbeitern. Auf diese Weise entsteht ein *„relativer Mehrwert"*, denn die Arbeitszeit, die erforderlich ist, um den Wert der Ware Arbeitskraft zu reproduzieren, sinkt – um im Beispiel zu bleiben – z. B. von 6 auf 4 Stunden. Bei einer gleichbleibenden Arbeitszeit von 12 Stunden würde damit ein Verhältnis von 4 : 8 entstehen, die Mehrwertrate also auf 200 % steigen. Selbst dann, wenn zugleich die Arbeitszeit von 12 auf 8 Stunden verkürzt würde, bliebe die Mehrwertrate von 100% aufrechterhalten. In den Worten von Marx wird die reelle (oder reale) Subsumtion als die eigentliche *historisch-fortschrittliche Leistung* der kapitalistischen Produktionsweise bezeichnet: Mit ihr „findet eine völlige (und sich *beständig fortsetzende* und wiederholende) *Revolution in der Produktionsweise* selbst statt, in der Produktivität der Arbeit und im Verhältnis von Kapitalist und Arbeiter ... Es werden die sozialen Produktivkräfte der Arbeit entwickelt und es wird mit der Arbeit auf großer Stufenleiter die Anwendung *von Wissenschaft und Maschinerie auf die unmittelbare Produktion*" (verwirklicht). Die „kapitalistische Produktionsweise, die sich jetzt als eine Produktionsweise *sui generis* gestaltet, (schafft) eine veränderte Gestalt der materiellen Produktion" (105). Mit dieser veränderten Gestalt ist aber auch die kapitalistische Produktionsweise – einstweilen – notwendig verbunden. Die ungemeine Dynamik der neuen Produktionsweise, die Marx schon im „Manifest" geradezu hymnisch beschrieben hatte, hat *hier* ihre strukturelle objektive Grundlage. In den Manuskripten, die als Vorarbeiten zum „Kapital" angesehen werden können, schildert Marx noch weit eindringlicher die Dynamik dieser Produktionsweise, die zur Steigerung der Produktivität der Arbeit, zur Vermehrung der Konsumgüter und zur Eroberung des die ganze Erde umfassenden Weltmarktes führt. „Je mehr die Produktion auf dem Tauschwert, daher auf dem Austausch beruht, desto wichtiger werden für sie die physischen Bedingungen des Austauschs – *Kommunikations- und Transportmittel.* Das Kapital treibt seiner Natur nach über jede räumliche Schranke hinaus. Die Schöpfung der physischen Bedingungen des Austauschs ... wird also für es in ganz andrem Maße zur Notwendigkeit – die *Vernichtung des Raums durch die Zeit...*" (Grundrisse S. 423). Hier scheint Marx eine Entwicklungsstufe der Produktion anzudeuten, die erst heute eine ausschlaggebende Deutung gewonnen hat.

Die „organische Zusammensetzung des Kapitals" und der Unterschied zwischen Mehrwertrate und Profitrate

Materiell (und wertmäßig) besteht das Gesamtkapital aus zwei unterschiedlichen Bestandteilen: den Maschinen, Treibstoffen und dem zu bearbeitenden Material auf der einen Seite und dem Aufwand für die Bezahlung der Ware Arbeitskraft (deren Wert) auf der anderen. Diesen ersten Bestandteil nennt Marx „constantes Kapital" oder „c", den zweiten „variables Kapital" oder „v". In der Produktion wird jeweils nur ein Teil des konstanten Kapitals auf den Wert des Arbeitsproduktes übertragen. Das geschieht in unterschiedlichem Ausmaß für die Treibstoffe (Kohle, Erdöl, Elektrizität), das zu bearbeitende Material und für die Maschinerie. Treibstoffe und Material werden jeweils ganz verbraucht, von der Maschinerie während eines Jahres z.B. nur 10% ihres Wertes, wenn der Verschleiß der Maschine in zehn Jahren erfolgt. Um die *Profitrate* zu ermitteln, muß der Mehrwert nicht im Verhältnis zum variablen Kapital, sondern zum Gesamtkapital betrachtet werden. Da das Gesamtkapital wesentlich größer ist als der variable Kapitalanteil, liegt die Profitrate notwendig weit unter der Mehrwertrate, allein die Profitrate ist aber für den investierenden kapitalistischen Unternehmer interessant. Da der relative Mehrwert sich durch eine Erhöhung der Arbeitsproduktivität erhöhen kann und damit – selbst bei kürzerem Arbeitstag – die Mehrwertraten, wie wir sahen, zunehmen, wird der *Fall* der Profitrate, der gleichzeitig durch die *Vergrößerung* des konstanten Kapitalanteils erfolgen muß, *gebremst.* Immerhin führt die industriekapitalistische Steigerung des Einsatzes von immer größeren Maschinenaggregaten bis hin zur „automatischen Fabrik", die Marx schon als möglich erwähnt, unvermeidlich zum Fall der Profitrate.

Als „organische Zusammensetzung des Kapitals" bezeichnet Marx das Verhältnis zwischen konstantem und variablem Kapitalanteil. Je weiter die Industrialisierung fortgeschritten ist, desto „*höher* die organische Zusammensetzung des Kapitals".

Das Wachstum des konstanten Kapitals (und dessen fixen, in Maschinen investierten Bestandteils) ist aber letztlich aus der Rückverwandlung des Mehrwerts (des Profits) in *neues Kapital* zustande gekommen. Die Konkurrenz einzelner Kapitalisten zwingt einen jeden, um am Markt bestehen zu können, zu maximaler Anstrengung, um mit möglichst wenig und möglichst produktiver Arbeit möglichst billig und möglichst viel produzieren zu können. Zu diesem Zweck muß er aus dem erzielten Profit einen möglichst großen Bestandteil „investieren", d. h. in „konstantes Kapital" verwandeln.

Die Steigerung der Arbeitsproduktivität ermöglicht immer wieder die „Freisetzung von Arbeitskraft", d. h. die Entlassung von nicht mehr benötigten Arbeitern. Die dadurch entstehende „industrielle Reservearmee" hat für die Unternehmer die nützliche Folge, daß die Reallöhne nicht über den Wert der Ware Arbeitskraft steigen. Marx ist allerdings – im Gegensatz zu Ferdinand Lassalles „ehernem Lohngesetz" – nicht der Meinung, daß die Reallöhne immer auf das Existenzminimum fixiert bleiben müssen. Er kennt sowohl die Möglichkeit einer Verbesserung der Reallöhne durch den Druck der Gewerkschaften als vor allem auch einer allgemeinen Anhebung des Lebensstandards in einer entwickelten industriellen Gesellschaft. Auf der anderen Seite aber glaubt er feststellen zu können, daß der prozentuale Anteil der Lohnarbeiter am gesamten gesellschaftlichen Reichtum im Verlauf der Entwicklung der Akkumulation des Kapitals notwendig fällt. Er fällt selbst dann, wenn der absolute Wohlstand der Bevölkerung – im Vergleich mit früheren Perioden – gestiegen ist. Im übrigen führt der Konkurrenzkampf der kapitalistischen Unternehmer dazu, daß immer mehr Anteile des vorher selbständigen Mittelstands ins Proletariat absinkt und seine materielle Selbständigkeit verliert.

Über die Akkumulation des Kapitals hinaus findet eine *Konzentration der Kapitalien* in immer weniger Händen (auch wenn diese Aktiengesellschaften sind) statt, die es großen Unternehmen erlaubt, auch mit niedrigen Profitraten leben und wachsen zu können.

Das voraussehbare Ergebnis dieser Entwicklung ist eine Gesellschaft, die nur mehr aus einer „kleinen Anzahl von Kapitalmagnaten" und einer großen Mehrheit von eigentumslosen Lohnarbeitern (Proletariern) besteht.

Diese Entwicklung, so deutlich Marx auch ihre „negative" Seite immer wieder hervorhebt, ist aber in seinen Augen zugleich *notwendig,* weil nur durch *strukturellen Zwang* die Menschen dazu gebracht werden, die Produktivität der Arbeit und eine Vielzahl immer neuer, kultivierterer Bedürfnisse zu entwickeln. Damit aber wird erst die Basis für jene „befreiende Revolution" geschaffen, auf die es ihm ankommt. Während Hegel die welthistorische Entwicklung im Rückblick auf die sich – wie er annahm – in seiner Gegenwart vollendende Geschichte als sinnvoll glaubte deuten zu können, geht Marx von einer voraussehbaren Zukunft aus, die dem Gang der sozialökonomischen Entwicklung ihren humanen Sinn verleiht.

Der Zirkulationsprozeß des Kapitals (Das Kapital. Zweiter Band)

Der zweite Band des „Kapital" wurde zwar erst von Engels aus dem Nachlaß seines Freundes druckfertig gemacht, alle wesentlichen Gedanken stammen aber von Marx. Er untersucht hier die „Metamorphose des Kapitals" und seinen Kreislauf als Geldkapital, produktives Kapital und Waren-Kapital. Historisch war das Handelskapital und das zinstragende Geldkapital früher da als das produktive (industrielle) Kapital. Verstehbar aber wurde – wie wir sahen – das „Geheimnis der Mehrwertproduktion" erst mit Hilfe des produktiven Kapitals, das den Gebrauchswert der Ware Arbeitskraft „entdeckt", dessen Wertproduktion bei entsprechend langer Benützung größer ist als ihr Wert. Hier im zweiten Band werden die für die Profitrate relevanten *Umlaufzeiten, Zirkulationskosten, Transportkosten, Buchhaltung* usw. behandelt. Damit kommt die Darstellung schon der erscheinenden Oberfläche des wirtschaftlichen Geschehens etwas näher. Im zweiten Abschnitt unterscheidet Marx den fixen und den zirkulierenden Bestandteil des konstanten Kapitals, den ich schon kurz erwähnt habe, als ich sowohl Maschinen als auch Treibstoffe und zu bearbeitende Rohstoffe als zum konstanten Kapital gehörig bezeichnete. Das *fixe* Kapital bleibt zum größten Teil – als dem Gesamtkapital gehörig – während der einzelnen Produktionsphasen erhalten. Es überträgt nur einen bestimmten Prozentsatz seines Wertes auf die produzierte Ware. Zum Zwecke der Erneuerung nach Verschleiß muß jeweils ein bestimmter Geldbetrag zurückgelegt werden, der benötigt wird, um die unbrauchbar gewordene Maschine zu ersetzen. Diese Notwendigkeit wird durch beschleunigten „psychologischen Verschleiß" infolge technischer Innovationen vergrößert. Um die betriebswirtschaftliche Seite der Angelegenheit zu verstehen, fragte Marx bei dem aktiven Unternehmer einer Textilfabrik, bei Friedrich Engels, an.

In einem dritten Abschnitt wird die Reproduktion und Zirkulation des Gesamtkapitals dargestellt. Dabei geht Marx noch einmal auf die „einfache Reproduktion“ und die „erweiterte Reproduktion“ (d. i. die Akkumulation“) des Kapitals ein. Dieser Exkurs ist ihm wichtig, um zu zeigen, daß selbst bei *einfacher* Reproduktion, d. h. ohne Wachstum des „Kapitals“, im Laufe der Zeit auch das konstante (fixe und zirkulierende) Kapital aus dem von der Arbeitskraft erzeugten Mehrwert und dessen Realisierung resultiert. Die lebendige Arbeit wird also auch unter dieser hypothetischen Voraussetzung schließlich von der von ihr selbst erzeugten „toten Arbeit“ (der vergegenständlichten Arbeit in Maschinen, Rohstoffen usw.) „beschäftigt“. Das Kapital muß kontinuierlich von der einen Phase (der einen Gestalt) in die andere übergehen. Der Prozeß darf an keiner Stelle stillstehen. Zum Beispiel muß die um einen Mehrwert vergrößerte Ware W’ in eine entsprechende Geldform G’ übertragen werden, mit anderen Worten absetzbar sein. Die entwickelte Kreislaufformel für die erweiterte Reproduktion sieht jetzt wie folgt aus:

G *(Geldkapital)* – W *(Ware)*, bestehend aus v (Ware Arbeitskraft) und c (Produktionsmittel) –

P *(Produktionsprozeß)* – *W’* (um den Mehrwert *vergrößerte Ware)* – G’ *realisierter Mehrwert.*

Verkürzt: G – W – P W’ – G’

Damit wird noch einmal verdeutlicht, daß der Sinn des Produktionsprozesses in der *Erzielung von Mehrwert (Profit) besteht.*

Produziert werden Produktionsmittel in der ersten Abteilung der Wirtschaft, Konsumtionsmittel in der zweiten und schließlich auch solche Konsumtionsmittel, die nur in den Konsum der Eigentümer von Produktionsmitteln eingehen. Um den Prozeß in Gang zu halten, muß zwischen diesen Abteilungen eine bestimmte Proportionalität bestehen, die sich – nur auf dem Weg über Krisen – immer wieder herstellt.

Die schon im Ersten Band diskutierten Formen der Bezahlung der Ware Arbeitskraft – Stundenlohn und Stücklohn – verschleiern in den Augen des Arbeiters wie des Unternehmers den realen Sachverhalt. „Die Arbeitskraft ist Ware, nicht Kapital in der Hand des Arbeiters, und sie konstituiert für ihn eine *Revenue,* soweit er deren Verkauf ständig wiederholen kann; sie fungiert als Kapital in der Hand des Kapitalisten, während des Produktionsprozesses selbst... Das Geld, das der Arbeiter erhält, wird von ihm verausgabt, um seine Arbeitskraft zu erhalten, also – Kapitalistenklasse und Arbeiterklasse in ihrer Gesamtheit betrachtet – um dem Kapitalisten das Werkzeug zu erhalten, wodurch er allein Kapitalist bleiben kann" (MEW 24, 380).

„Der Gesamtprozeß der kapitalistischen Produktion" (Das Kapital. Dritter Band)

Erst hier im dritten Band bewegt sich Marx auf dem Niveau der erscheinenden wirtschaftlichen Verhältnisse. Die auf den ersten Blick höchst unwahrscheinlich klingende These, daß die Profitrate eines Betriebes um so größer ist, je niedriger die organische Zusammensetzung des Kapitals, das heißt, je kleiner der Anteil des konstanten Kapitals am Gesamtkapital ist, kann erst hier – im dritten Band – geklärt und korrigiert werden.

Die *Profitrate* besteht aus dem Verhältnis des Mehrwerts zum Gesamtkapital. Sie ist also um so niedriger, je größer der konstante Kapitalanteil ist. Da die industrielle Entwicklung zu immer größeren Maschinenaggregaten und entsprechend größeren Massen von Rohstoff und Betriebsmitteln führt, gegenüber denen der Anteil der für Löhne aufgewandten Summe (selbst bei steigenden Reallöhnen) relativ zurückbleibt, leuchtet ein, daß die Profitrate im Zuge der technischen Entwicklung fällt. Das wird selbst dann noch der Fall sein, wenn die relative Mehrwertrate – weil der „Warenkorb" der Arbeiter in kürzerer Zeit produziert werden, der Wert der Ware Arbeitskraft also sinken kann – steigt.

Die beiden wichtigsten Erkenntnisse des dritten Bandes sind: 1. die durch die allgemeine Konkurrenz aller in einem Wirtschaftsgebiet anfallenden Profitraten entstehende *Angleichung an* eine *„Durchschnittsprofitrate"*, die schließlich von jedem Kapital entsprechend seiner Größe die Höhe des Profits bestimmt, und 2. das „Gesetz des *tendenziellen Falls* der Profitrate", das der schon erwähnten zunehmend „höheren" organischen Zusammensetzung des (durchschnittlichen) Kapitals entspricht. Ein „Gesetz", das sich freilich infolge entgegenwirkender Ursachen nur langsam und langfristig durchsetzen kann.

Um die folgende Tabelle richtig verstehen zu können, muß noch erwähnt werden, daß der Anteil des *fixen Kapitals*, der nur im Laufe mehrerer Jahre voll auf das Produkt übertragen wird, in unterschiedlichen Sektoren der Wirtschaft auf Grund unterschiedlicher Größen des konstanten Kapitalanteils variiert. Je größer das konstante Kapital, desto geringer der aus dem fixen Kapitalanteil pro Jahr auf die Produkte übertragene Wert. Daraus ergibt sich eine relativ komplizierte Berechnung, die ich gleich anhand des elaborierten Schaubildes von Marx erläutern will:

	Kapitale	Mehrwertrate	Mehrwert	Profitrate
I.	80c + 20v	100%	20	20%
II.	70c + 30v	100%	30	30%
III.	60c + 40v	100%	40	40%
IV.	85c + 15v	100%	15	15%
V.	95c + 5v	100%	5	5%

	Verbrauchtes c	Warenwert	Kostpreis
I.	50	90	70
II.	51	111	81
III.	51	131	91
IV.	40	70	55
V.	10	20	15

In den Abteilungen I bis III *wächst* der Anteil des *variablen* Kapitals und dementsprechend (bei gleicher Größe des Mehrwerts und des Gesamtkapitals) auch die *Profitrate* von 20 auf 40%. Dementsprechend steigt auch der „Kostpreis“, der aus dem Produkt des verbrauchten konstanten Kapitalteils plus variablem Kapital besteht. Verbraucht wurde der Teil des Verschleißes an fixem Kapital sowie Rohstoff und Betriebsmittel, die vollständig mit ihrem Wert ins Produkt eingehen. Der *Warenwert* liegt um den *Mehrwert über dem Kostpreis.* Für den Unternehmer ist aber vor allem der Kostpreis wichtig. In der V. Abteilung liegen die Verhältnisse anders, weil hier nur ein *geringer* Teil des konstanten Kapitals durch Verbrauch von Rohstoff und Verschleiß der Maschinen verlorengeht. Daraus folgt ein weit *niedrigerer* Kostpreis von nur 15, und der *Warenwert* liegt angesichts des geringen Anteils des variablen Kapitals am Gesamtkapital nur bei 20.

Nehmen wir an, die III. Abteilung wäre ein Gärtnereibetrieb, die V. aber ein modernes Industrieunternehmen, dann würde die Gärtnerei eine Profitrate von 40%, das Industrieunternehmen nur eine von 5% erzielen. Dieser Unterschied wird durch die Konkurrenz der anlagesuchenden Kapitalien ausgeglichen. Die *Durchschnittsprofitrate* für alle fünf hypothetisch angenommenen Abteilungen der Wirtschaft liegt bei 22%. Aus ihr werden die realen *Warenpreise* (im Unterschied zu ihrem jeweiligen „individuellen Wert“, der eine bloß fiktive Rechengröße darstellt) durch Addition mit dem Kostpreis ermittelt.

Daraus entstehen für die Abteilungen I bis V die folgenden *Warenpreise,* die sich jeweils von dem zuvor festgestellten *Warenwert* unterscheiden:

	Kostpreis	Warenpreis	Profitrate	Abweichung des Preises v. d. Ware
I.	70	92	22%	+ 2
II.	81	103	22%	– 8
III.	91	113	22%	– 18
IV.	55	77	22%	+ 7
V.	15	37	22%	+ 17

(MEW 25, 166, gekürzt).

Das Resultat ist plausibel. Die Kapitale mit der höheren organischen Zusammensetzung erzielen einen Preis, der jeweils *über* ihrem Wert liegt. Wenn es sich anders verhielte, wäre der technische Fortschritt wirtschaftlich kaum sinnvoll. Der Fall der Profitraten in den entwickelten Großbetrieben wird durch die Betriebe in anderen Sektoren der Wirtschaft mit niedrigerer organischer Zusammensetzung des Kapitals aufgehalten. Dennoch fällt die in Preisen realisierbare Profitrate in den Abteilungen II und III von 30% und 40% auf 22%.

Daß die Durchschnittsprofitrate innerhalb eines Wirtschaftsgebietes fällt, auch wenn die extremen Unterschiede zwischen den niedrigen Profitraten technisch entwickelter Sektoren und den höheren in arbeitsintensiven Sektoren ausgeglichen werden, ist evident. Wichtig ist aber, daß Marx ausführlich auf eine ganze Anzahl von *„entgegenwirkenden Ursachen"* hinweist, die das Gesetz zur bloßen „Tendenz" abschwächen. Er zählt sechs solche Ursachen auf, die von unterschiedlicher Bedeutung sind: I. *„Erhöhung des Exploitationsgrades der Arbeit"*. Als Exploitationsgrad bezeichnet Marx das Verhältnis zwischen der Mehrarbeitszeit (die unbezahlt bleibt) und der notwendigen Arbeitszeit, während der die Arbeitskraft ihren eigenen Wert „reproduziert" (und für die sie allein bezahlt wird). Es handelt sich also um einen anderen Ausdruck für die Mehrwertrate. Durch Verlängerung der Arbeitszeit, Intensivierung der Arbeit usw. kann dieser Exploitationsgrad über den durchschnittlichen erhöht werden. II. *„Herunterdrücken des Arbeitslohnes unter seinen Wert"*, das ist vor allem bei Massenarbeitslosigkeit und bei entsprechender Schwäche der Gewerkschaften möglich, stößt freilich an absolute Grenzen beim Existenzminimum. III. *„Verwohlfeilerung der Elemente des konstanten Kapitals"*. Diese wird vor allem dann möglich sein, wenn z. B. bei gleicher oder auch größerer Effektivität kleinere Maschinen usw. eingesetzt werden können (in den vergangenen 30 Jahren z. B. die Miniaturisierung der Computer) oder Energiekosten durch Erschließung billiger Energiequellen sinken. IV. *„Relative Überbevöl-*

kerung". Die in der Industrie „freigesetzten" Arbeitskräfte können z. B. in der Luxusproduktion (Juweliere, Kunstgewerbe etc.) eingesetzt werden, in der ein höherer Anteil des variablen Kapitals vorliegt und damit auch eine höhere Profitrate, die auf den Fall der Profitrate korrigierend einwirken kann. V. *„Auswärtiger Handel"*. Kapital, das im Ausland (damals vor allem in den Kolonien) mit größerem Profit investiert werden kann, fließt dorthin. Die gemachten Profite aber gehen an das Heimatland und tragen dadurch zum Ausgleich der Profitraten bei. „Und so hat sich denn im allgemeinen gezeigt, daß dieselben Ursachen, die das Fallen der allgemeinen Profitrate hervorbringen, Gegenwirkungen hervorrufen, die diesen Fall hemmen, verlangsamen und teilweise paralysieren. Sie heben das Gesetz nicht auf, schwächen aber seine Wirkung ab" (MEW 25, 249). „Die Profitrate fällt nicht, *weil* die Arbeit *unproduktiver*, sondern weil sie *produktiver* wird. Beides, Steigen der Rate des [relativen, I. F.] Mehrwerts und Fallen der Rate des Profits, sind nur besondere Formen, worin sich wachsende Produktivität kapitalistisch ausdrückt" (250). Als letzte entgegenwirkende Ursache nennt Marx noch *das Aktienkapital*, das es aktiven Unternehmen erlaubt, mit einem auf Aktienbasis geschaffenen Geldkapital zu wirtschaften, für das nur ein Profit in Gestalt von Dividenden bezahlt werden muß, der – so Marx – in etwa dem Zins entspricht. Die Dividenden „gehen nicht in die Ausgleichung der allgemeinen Profitrate ein", „weil sie eine geringere als die Durchschnittsprofitrate abwerfen" (a.a.O.). Wenn man sie einrechnen würde, käme eine noch weit niedrigere Durchschnittsprofitrate zustande.

Aus dem „tendenziellen Fall der Profitrate" erwachsen immer größere Widersprüche der kapitalistischen Produktionsweise, die immer wieder ihre (selbstgeschaffenen) Grenzen zu durchbrechen versucht. Mit Hilfe von Krisen, Kapitalvernichtung, Massenarbeitslosigkeit usw. wird erst wieder ein neues Gleichgewicht hergestellt. In ihrer nächsten Entwicklungsphase werden aber die alten Widersprüche „auf erhöhter Stufenleiter" nur wieder hergestellt.

„Es wird nicht zu viel Reichtum produziert. Aber es wird periodisch zu viel Reichtum in seinen kapitalistischen gegenständlichen Formen produziert", das heißt eine „Überproduktion" in bezug auf die „zahlungsfähige Nachfrage", die von den Arbeitern nicht aufgebracht werden kann. „Die Schranke der kapitalistischen Produktionsweise tritt hervor: 1. Darin, daß die Entwicklung der Produktivkraft der Arbeit im Fall der Profitrate ein Gesetz erzeugt, das ihrer eignen Entwicklung auf einen gewissen Punkt feindlich gegenübertritt, und daher beständig durch Krisen überwunden werden muß. 2. Darin, daß die Aneignung unbezahlter Arbeit und das Verhältnis dieser unbezahlten Arbeit zur vergegenständlichten Arbeit ... kapitalistisch ausgedrückt, daß der *Profit* und das Verhältnis dieses Profits zum angewandten Kapital ... *statt des Verhältnisses der Produktion zu den gesellschaftlichen Bedürfnissen, zu den Bedürfnissen gesellschaftlich entwickelter Menschen ... über Ausdehnung oder Beschränkung der Produktion entscheidet* ... Es treten daher Schranken für sie ein schon auf einem Ausdehnungsgrad der Produktion, der umgekehrt unter der andern Voraussetzung weitaus ungenügend erschiene. *Sie kommt zum Stillstand, nicht wo die Befriedigung der Bedürfnisse, sondern wo die Produktion und Realisierung von Profit diesen Stillstand gebietet*" (269).

Solche Formulierungen legen die Auffassung nahe, daß nach Marx die kapitalistische Produktionsweise, die er wegen ihrer ungeheuren Dynamik als fortschrittlich begrüßt hat, auf einen Zustand zusteuert, an dem diese Dynamik erlischt und – im Interesse *weiteren Wachstums* – durch eine andere Produktionsweise abgelöst werden muß. Diese – einseitige – Auffassung der Marxschen Kritik der politischen Ökonomie als ausschließlich auf Wachstum orientiert hat in der Folge bei den meisten Marxisten zu einem Technik-Fetischismus geführt und unter anderem verheerende Umweltzerstörungen sowohl in der Sowjetunion als auch im China Mao Tse-tungs zur Folge gehabt. Ich muß daher in einem Exkurs wenigstens knapp diese einseitige Deutung korrigieren.

Exkurs: Die postkapitalistische Gesellschaft und die Bewahrung der Ökosphäre. Anmerkungen zu einem oft übersehenen Aspekt der Marxschen Theorie

Daß Marx in seinem Hauptwerk an mehreren Stellen auf die Naturzerstörung durch Industrie und industrialisierte Landwirtschaft hingewiesen hat, ist lange Zeit völlig übersehen worden. So erklärt er z. B. im Abschnitt „Maschinerie und große Industrie" (*Kapital* Bd. I): „Jeder Fortschritt der kapitalistischen Agrikultur ist nicht nur ein Fortschritt der Kunst den Arbeiter, sondern zugleich in der *Kunst den Boden zu berauben,* jeder Fortschritt in der Steigerung seiner Fruchtbarkeit für eine gegebene Zeitfrist zugleich ein *Fortschritt im Ruin der dauernden Quellen dieser Fruchtbarkeit.* Je mehr ein Land wie die Vereinigten Staaten von Nordamerika z. B. von der großen Industrie als dem Hintergrund seiner Entwicklung ausgeht, desto rascher dieser Zerstörungsprozeß" (MEW 23, 529). Emphatisch faßt er sein Urteil in dem Satz zusammen. „Die kapitalistische Produktion entwickelt daher nur die Technik und Kombination des gesellschaftlichen Produktionsprozesses, indem sie zugleich die Springquellen alles Reichtums *untergräbt: die Erde* und den Arbeiter" (529 f.). Der Boden braucht daher „andre gesellschaftliche Verhältnisse, um wirklich seiner Natur gemäß exploitiert zu werden" (MEGA II, 3, S. 1436). Marx nahm offenbar an, daß unter sozialistischen Produktionsverhältnissen Raubbau am Boden ebensowenig mehr stattfinden werde wie Ausbeutung der Arbeiter.

Im zweiten Band des „Kapital" verweist Marx auf die zunehmenden *Waldschäden* und erklärt sie aus den spezifischen Produktionsbedingungen von Wäldern: „Die *lange Produktionszeit* (die einen relativ geringen Umfang der Arbeitszeit einschließt), daher die Länge ihrer Umschlagsperioden, macht die Waldzucht zu einem ungünstigen Privat- und daher kapitalistischen Betriebszweig, welcher letztere wesentlich Privatbetrieb ist, auch wenn statt des einzelnen Kapitalisten der assoziierte Kapitalist auftritt. Die Entwicklung der Kultur und Industrie überhaupt hat sich von jeher so *tätig in der Zerstörung der Wälder gezeigt,* daß *dagegen alles, was sie umgekehrt zu deren Erhaltung* und Produktion getan hat, eine *vollständig verschwindende Größe ist*" (MEW 24, 246 f.).

Marx war davon überzeugt, daß die künftigen „assoziierten Produzenten", die „ihren Stoffwechsel mit der Natur rationell regeln", dafür sorgen werden, daß die natürlichen Grundlagen menschlicher Existenz bewahrt werden. Die Menschen werden dann diesen Stoffwechsel mit der Natur „unter ihre gemeinschaftliche Kontrolle bringen, statt von ihm als von einer blinden Macht beherrscht zu werden; (sie werden) ihn mit dem geringsten Kraftaufwand und unter den ihrer *menschlichen Natur würdigsten und adäquatesten Bedingungen* vollziehn. Aber es bleibt dies immer ein *Reich der Notwendigkeit. Jenseits dessen* beginnt die menschliche Kraftentwicklung, die sich als Selbstzweck gilt, das wahre *Reich der Freiheit,* das aber nur auf jenem Reich der Notwendigkeit als seiner Basis aufblühen kann. Die Verkürzung des Arbeitstages ist die Grundbedingung" (MEW 25, 828). Nicht Maximalkonsum, sondern maximale Freiheit zur Entwicklung spezifisch menschlicher Fähigkeiten und Betätigungen, das ist die Vision, die Marx von der Zukunft der befreiten Menschheit hatte. In den „Grundrissen" geht er über diesen kurzen Hinweis im „Kapital" noch hinaus und skizziert – in Absetzung von Charles Fourier, dessen Konzept eines „travail attractif" er dennoch lobt – die Arbeit in einer befreiten Gesellschaft, die aufgehört haben würde, Last für die Menschen zu sein. „Die Arbeit, der materiellen Produktion", schreibt er, „kann diesen [attraktiven, I. F.] Charakter nur *dadurch erhalten,* daß 1) ihr *gesellschaftlicher Charakter gesetzt* ist, 2) daß sie *wissenschaftlichen Charakters,* zugleich *allgemeine Arbeit ist, nicht Anstrengung des Menschen als bestimmt dressierte Naturkraft,* sondern als Subjekt, das in dem Produktionsprozeß nicht in bloß natürlicher, naturwüchsiger Form, sondern *als alle Naturkräfte regelnde Tätigkeit erscheint.*" Damit wird Arbeit freilich nicht zu *bloßem* „amusement", wie das Fourier meinte, sondern gerade *freie Arbeit ist wie „z.B. Komponieren .... zugleich verdammtester Ernst, intensivste Anstrengung*" (Grundrisse, S. 505). Diese Darstellung scheint der These, daß das „Reich der Freiheit" erst *jenseits* der Arbeitswelt beginnt, zu widersprechen. Man kann sie aber auch so deuten, daß durch die Verkürzung der Arbeitszeit und die damit möglich gewordene Anhebung der intellektuellen und emotionalen Potenzen der Menschen sich auch der Charakter der materiellen Arbeit so verändern kann, daß die Arbeit aufhört, eine Last zu sein. Prinzipiell hatte Marx gegen Adam Smith, für den Arbeit immer und unaufhebbar „Opfer", „Last" ist, betont, daß „in seinem normalen Zustand von Gesundheit, Kraft und Tätigkeit, und nach dem gewöhnlichen Grad von Geschicklichkeit und Gewandtheit, das Individuum auch das *Bedürfnis* einer *normalen Portion von Arbeit und von Aufhebung der Ruhe*" hat, „was A. Smith ganz fernzuliegen" scheine (504 f.). Ganz gleich, ob Marx das „Reich der Freiheit" erst jenseits des durch Arbeit gekennzeichneten Reichs der Notwendigkeit ansiedelt oder es für möglich hielt, auch die Welt der Arbeit aus ihrem Lastcharakter (von ihrem biblischen Fluch) zu befreien, die *grenzenlose Steigerung* des Konsums ist jedenfalls nicht sein Zukunftsideal. Die Überwindung der kapitalistischen Produktionsweise soll zwar deren „immanente Schranke" brechen, zugleich aber auch den widersinnig werdenden Trieb nach grenzenloser Akkumulation und sinnlosem Materialkonsum.

Einer der ganz wenigen ethischen Abschnitte im „Kapital" ist der Beziehung zwischen Mensch und Erde gewidmet. In ihm faßt Marx zusammen, was er zu dem uns erst in diesem Jahrhundert ernsthaft beschäftigenden Ökologieproblem zu sagen hat: „Vom Standpunkt einer *höheren ökonomischen Gesellschaftsformation* wird das Privateigentum einzelner Individuen *am Erdball ganz so abgeschmackt erscheinen,* wie das Privateigentum eines Menschen an einem andern Menschen. Selbst die ganze Gesellschaft, eine Nation, ja *alle gleichzeitigen Gesellschaften zusammengenommen, sind nicht Eigentümer der Erde. Sie sind nur ihre Besitzer, ihre Nutznießer, und haben sie als boni patres familias den nachfolgenden Generationen verbessert zu hinterlassen*" (MEW 25, 784).

11. Karl Marx als Politiker der Arbeiterbewegung

Marx verstand sich nicht ausschließlich als Theoretiker, sondern immer auch als Praktiker der revolutionären Politik. Wann immer er die Gelegenheit dazu erhielt, war er als Journalist, als Verfasser von Manifesten und programmatischen Äußerungen und als Mit-Organisator für die Sache der Arbeiterbewegung in Europa und Nordamerika tätig. Im Rahmen dieser kurzgefaßten Monographie kann ich diesen Aspekt seines Wirkens nur erwähnen, jedoch nicht im Detail schildern und analysieren.

Zwischen 1847 und 1852 engagierte er sich für den „Bund der Kommunisten", der – unter seinem und Engels' Einfluß – aus dem kleinen „Bund der Gerechten" in London entstanden war und für den er das „Manifest" verfaßt hatte. Er bemühte sich darum, die Mitglieder dieses Bundes, der sich bald über Paris und verschiedene deutsche Städte ausbreitete, mit seinen kritischen Theorien zur „kapitalistischen Produktionsweise" und zur Aufgabe des Proletariats vertraut zu machen. Nach anfänglicher Überschätzung der Chancen einer proletarischen Revolution während der Jahre 1848/49 mußte er zur Einsicht kommen, daß die Zeit noch nicht reif für eine allgemeine Umwälzung war. Schließlich zog er sich von einer Partei, die ihm nicht zu folgen imstande und bereit war, zurück. 1852 endete dieses Engagement, ohne daß Marx aufgehört hätte, durch Korrespondenzen und Gespräche sich da und dort „einzumischen". Einen Höhepunkt seiner politischen Aktivität bildete die „Internationale Arbeiter-Assoziation", an deren Sitz, London, Marx der einflußreichste Theoretiker und Organisator war. Von Anfang an waren aber in dieser Organisation Anhänger höchst unterschiedlicher sozialistischer und kommunistischer Theorien vereinigt, und Marx mußte sich mit einem Mindestmaß an Zustimmung zu seinen Konzeptionen begnügen. Als der Konflikt mit den Anarchisten, die vom charismatischen Michail Bakunin geführt wurden, die Spaltung befürchten ließ, gelang es Marx 1872 auf dem Kongreß in Den Haag, die Leitung der „IAA" nach New York verlegen zu lassen, wo sein Freund Friedrich A. Sorge wohnte. Damit war praktisch das Ende dieser internationalen Partei herbeigeführt. Einen Höhepunkt der weltweiten Bekanntheit hatte die IAA zuvor mit der „Pariser Kommune" erreicht, an deren Aufstand zwar nur einige Mitglieder dieser Organisation beteiligt waren, für die aber Marx und die IAA „verantwortlich" gemacht wurden und der er – nach ihrer Niederlage – eine glorifizierende Darstellung gewidmet hat. Für die posthume Wirkung von Marx ist diese Schrift, die als „Adresse des Generalrats der IAA über den Bürgerkrieg in Frankreich" veröffentlicht wurde, von erheblicher Bedeutung gewesen, weil Marx die „Kommune-Verfassung" als die „endlich entdeckte politische Form" bezeichnete, „unter der die ökonomische Befreiung der Arbeit sich vollziehen konnte" (MEW 17,342).

Die wichtigsten Aspekte dieser Kommune-Verfassung waren – nach Marx – die folgenden: 1. „die *Unterdrückung des stehenden Heeres* und seine Ersetzung durch das bewaffnete Volk". 2. „Die Kommune bildete sich aus den durch allgemeines Stimmrecht in den verschiedenen Bezirken von Paris gewählten Stadträten. Sie waren *verantwortlich und jederzeit absetzbar.*" 3. „Die Kommune sollte nicht eine parlamentarische, sondern eine *arbeitende Körperschaft sein, vollziehend und gesetzgebend zu gleicher Zeit*". Damit war die Teilung der Gewalten, die für eine liberale Verfassung seit Montesquieu als unabdingbar galt, beseitigt. Die „ganze Macht" sollte bei den demokratisch gewählten Stadträten, ja im Grunde sogar bei deren Wählern liegen, die jeden jederzeit abberufen konnten. 4. *„Die Polizei,* bisher das Werkzeug der Staatsregierung, wurde sofort *aller ihrer politischen Eigenschaften entkleidet* und in das *verantwortliche und jederzeit absetzbare Werkzeug der Kommune verwandelt.* Ebenso die Beamten aller andern Verwaltungszweige." 5. „Von den Mitgliedern der Kommune an abwärts, mußte *der öffentliche Dienst für Arbeiterlohn besorgt werden*... Die öffentlichen Ämter hörten auf, das Privateigentum der Handlanger der Zentralregierung zu sein. Nicht nur die städtische Verwaltung, sondern auch die ganze, bisher durch den Staat ausgeübte Initiative wurde in die Hände der Kommune gelegt" (MEW 17, 338–339). Auch die *„richterlichen Beamten"* sollten „jene scheinbare Unabhängigkeit" verlieren, die doch nur dazu gedient habe, „ihre Unterwürfigkeit unter alle ... Regierungen zu verdecken" (a.a.O.). Was in Paris für kurze Zeit modellhaft verwirklicht worden war, sollte „Frankreich zum Muster dienen"; „die zentralisierte Regierung" hätte „auch in den Provinzen der Selbstregierung der Produzenten weichen müssen". In einer nicht mehr fertiggestellten „Skizze der nationalen Organisation" heißt es ausdrücklich, „daß die Kommune die politische Form selbst des kleinsten Dorfes sein, und das stehende Heer auf dem Lande durch eine Volksmiliz mit äußerst kurzer Dienstzeit ersetzt werden sollte" (340).

Marx hat sich mit dieser Arbeit lange und gründlich beschäftigt, ein erster Entwurf zu ihr enthält noch eine große Anzahl zusätzlicher Details. In der marxistischen Arbeiterbewegung, besonders in den kommunistischen Parteien, wurde im allgemeinen die föderalistische Komponente dieses Verfassungsprojekts völlig übersehen. Der einzige, immer wiederholte Gesichtspunkt war die Forderung „nach vollständiger Zerschlagung des alten Staatsapparates". Daß es Marx aber im Zusammenhang damit vor allem um die Schaffung einer politischen Ordnung ohne verselbständigte Bürokratie und ohne stehendes Heer gegangen war, paßte den regierenden Kommunisten in der Sowjetunion natürlich nicht.

Nach dem Sieg Preußen-Deutschlands über das zweite französische Kaiserreich verlagerte sich das Schwergewicht der revolutionären Arbeiterbewegung nach Deutschland, und Marx wie Engels beobachteten mit Wohlwollen und wiederholter Kritik das Wachstum der Arbeiterparteien jenseits des Rheines. Dabei waren beide bemüht, ihre Kritik möglichst nur intern, gegenüber den Parteiführern, und nicht in der Öffentlichkeit zu äußern, um der Partei, die noch am ehesten Gedanken von Marx rezipiert hatte, nicht zu schaden. Der wichtigste Beitrag, den Marx zur innerparteilichen Willensbildung leistete, war seine *Kritik des „Gothaer Programms"*, das 1875 die Vereinigung von Lassalleanern und Marxisten ratifizierte.

Randglossen zum Programm der deutschen Arbeiterpartei (1875)

Marx kritisiert fast jede der oft auch sprachlich unglücklichen Formulierungen des „Gothaer Programms". Seine Kritik wurde erst 1891 – gegen den Widerstand eines Teils der Parteiführung der SPD – veröffentlicht. Ich beschränke mich auf die Hauptpunkte: „Die Arbeit ist nicht (wie das Programm behauptet) die Quelle alles Reichtums. *Die Natur* ist ebensosehr die *Quelle der Gebrauchswerte* (und aus solchen besteht doch wohl der sachliche Reichtum) als die Arbeit" (MEW 19,15). Wenn man die Arbeit allein zur Quelle alles Reichtums macht, fällt der Blick nicht auf die Tatsache, daß die Eigentümer der Rohstoffe (der Naturbestandteile des Reichtums) die Arbeiter abhängig machen, weil sie nur „mit ihrer Erlaubnis arbeiten, also nur mit ihrer Erlaubnis leben" können (a.a.O.).

„In der heutigen Gesellschaft sind die Arbeitsmittel Monopol der Grundeigentümer (das Monopol des Grundeigentums ist sogar Basis des Kapitalmonopols) und der Kapitalisten", *nicht* allein der Kapitalisten, wie es das Programm – beeinflußt durch Lassalle, der „aus jetzt allgemein bekannten Gründen, nur die Kapitalistenklasse angriff" – meinte (17). Auf diese Marxsche Formulierung bezieht sich übrigens *Franz Oppenheimer,* dessen „liberaler Sozialismus" durch die Aufhebung des Bodenmonopols der

Großgrundbesitzer eine freiheitliche Wirtschaftsordnung, den „liberalen Sozialismus", verwirklichen wollte.

Die „gerechte Verteilung" wird im Programm mit Lassalles „unverkürztem Arbeitsertrag" identifiziert, der aber kann auch in einer sozialistischen Gesellschaft nicht verteilt werden. Für die folgenden Aufgaben müßten entsprechende Beträge aufgewandt werden:

1. „Deckung zum *Ersatz* der verbrauchten Produktionsmittel".
2. „Zusätzlicher Teil für A*usdehnung* der Produktion".
3. „Allgemeine, nicht direkt zur Produktion gehörige *Verwaltungskosten*", die zwar vermindert werden können, aber nicht ganz wegfallen werden.
4. „Zur *gemeinschaftlichen Befriedigung*" von Bedürfnissen „bestimmte Mittel – z. B. „für *Schulen, Gesundheitsvorrichtungen* etc.". Dieser Betrag werde sogar künftig *erheblich wachsen.*
5. „Fonds für *Arbeitsunfähige* etc., kurz, für, was heute zur sog. offiziellen Armenpflege gehört" (19).

Erst das, was vom Gesamtprodukt der gesellschaftlichen Arbeit nach diesen Abzügen übrigbleibt, könne auf die einzelnen verteilt werden. Das „gleiche Recht", das hier zum Tragen kommt, bleibe aber „stets noch mit einer *bürgerlichen Schranke* behaftet. Das Recht der Produzenten ist ihren Arbeitslieferungen proportionell: die Gleichheit besteht darin, daß an *gleichem Maßstab, der Arbeit* gemessen wird" (20).

Dem Inhalt nach ist das aber „ein Recht der Ungleichheit", aufgrund „ungleicher individueller Begabung, und daher Leistungsfähigkeit der Arbeiter", die „als natürliche Privilegien" sich auswirken (21). Hinzu kommen unterschiedliche Bedürfnisse Verheirateter usw. „Das Recht kann nie höher sein als die ökonomische Gestaltung und dadurch bedingte Kulturentwicklung". Erst „in einer höheren Phase der kommunistischen Gesellschaft, nachdem die knechtende Unterordnung der Individuen unter die Teilung der Arbeit, damit auch der Gegensatz geistiger und körperlicher Arbeit verschwunden ist; nachdem die *Arbeit* nicht nur Mittel zum Leben, sondern selbst das *erste Lebensbedürfnis* geworden; nachdem mit der *allseitigen Entwicklung der Individuen* auch ihre Produktivkräfte gewachsen und alle Springquellen des genossenschaftlichen Reichtums voller fließen – erst dann kann der enge bürgerliche Rechtshorizont ganz überschritten werden und die Gesellschaft auf ihre Fahne schreiben: Jeder nach seinen Fähigkeiten, jedem nach seinen Bedürfnissen" (21).

Ein letzter wesentlicher Kritikpunkt betrifft die Forderung des Programms nach einem „freien Staat". Den gibt es – nach Marx – schon jetzt z.B. „in der Schweiz (und) den Vereinigten Staaten" (29), nicht aber im Deutschen Reich. Er ist durchaus mit einer kapitalistischen Produktionsweise vereinbar, wie diese beiden Staaten zeigen. Für eine revolutionäre Arbeiterpartei geht es nur darum, festzustellen, „welche Umwandlung ... das Staatswesen in einer kommunistischen Gesellschaft" erfahren wird (28). Diese „nur wissenschaftlich zu beantwortende Frage" läßt Marx offen, aktuell ist nur die Frage nach der Form des Staates während *„der Periode* der revolutionären *Umwandlung"* der kapitalistischen in die kommunistische Gesellschaft. Dieser Periode „entspricht auch eine politische Übergangsperiode, deren Staat nichts andres sein kann als *die revolutionäre Diktatur des Proletariats"* (a.a.O.). Diese Formulierung sollte wohl nach Marx nicht offen ins Programm genommen werden, wohl aber die Forderung nach „einer demokratischen Republik", wie sie im französischen Arbeiterprogramm schon unter Louis Philippe und unter Louis Napoleon stand. „In dieser Staatsform der bürgerlichen Gesellschaft (werde nämlich) der Klassenkampf definitiv auszufechten" sein (29). Da man aber nicht den Mut hatte, die demokratische Republik zu verlangen, war es sinnlos, Einzelforderungen aufzustellen, die nur in einer solchen Staatsform sinnvoll sind. Das Deutsche Reich sei nämlich einstweilen „nichts andres als ein mit parlamentarischen Formen verbrämter, mit feudalem Beisatz vermischter und zugleich schon von der Bourgeoisie beeinflußter, bürokratisch gezimmerter, polizeilich gehüteter Militärdespotismus“ (a.a.O.).

Das 1878 über die deutsche Arbeiterpartei verhängte Ausnahmegesetz konnte Marx bei dieser Einschätzung der realen Verfaßtheit des Deutschen Reiches nicht überraschen. Dennoch begleitete er deren Entwicklung bis zum Ende seines Lebens mit hoffnungsvoller Sympathie und wurde nicht müde, zusammen mit Engels, durch seine Korrespondenz auf die Parteiführung – vor allem auf August Bebel – einzuwirken.

12. Kommentare zur Weltpolitik

Der umfassendste Teil des Werks von Marx besteht aus seinen zahlreichen Zeitungsartikeln, Briefen und Reden zu Fragen der Weltpolitik, die zwar stets im weiteren Sinn auch mit der erhofften Weltrevolution zu tun haben, aber auch die augenblickliche Stufe der politischen und sozialen Entwicklung der verschiedenen Staaten und Gesellschaften analysieren. Das soll an drei Beispielen illustriert werden:

Die fortschrittliche Rolle des britischen Kolonialismus in Indien

Von allen europäischen Gesellschaften war die britische industriekapitalistisch am weitesten entwickelt. Mit ihren billigen Exportwaren begann sie seit der Mitte des 19. Jahrhunderts auch die asiatischen Märkte zu erobern und die stagnierende „asiatische Produktionsweise" gewaltlos zu zerstören. In einem Artikel der *New York Daily Tribune* vom 25.6.1853 schildert Marx die „britische Herrschaft in Indien". Die „asiatische Produktionsweise" ist – nach Marx – dadurch gekennzeichnet, daß die notwendigen Bewässerungsanlagen nicht von den kooperierenden Produzenten, sondern von der bürokratischen Zentralregierung vorgenommen werden. Die „künstliche Berieselung durch Kanäle und Wasserwerke (ist aber) die Grundlage der orientalischen Landwirtschaft ..." (MEW 9, 129). Da „diese künstliche Fruchtbarmachung des Bodens, die vom Eingreifen einer Zentralregierung abhängt und sofort in Verfall gerät, wenn diese Regierung Bewässerung und Dränierung vernachlässigt", sind ganze Gebiete völlig „wüst und öde, die einstmals glänzend kultiviert waren ... Die Briten übernahmen nun in Ostindien von ihren Vorgängern (den Mogulherrschern) die Departements der Finanzen und des Krieges, vernachlässigten aber völlig das Departement der öffentlichen Arbeiten. Daher der Verfall einer Landwirtschaft, die nicht fähig ist, nach dem britischen Grundsatz der freien Konkurrenz, des laissez-faire und laissez-aller, betrieben zu werden ..." (129–130). Wenn dennoch die britische Herrschaft als fortschrittlich angesehen werden kann, dann deshalb, weil sie die Basis der bürokratischen Herrschaft der asiatischen Produktionsweise durch ihren Import fabrikmäßig erzeugter Baumwolle usw. zerstört. „Der Handwebstuhl und das Spinnrad, die immer wieder ihre regelrechten Myriaden von Spinnern und Webern hervorbringen, waren die strukturellen Angelpunkte dieser Gesellschaft" (130). Seit Jahrhunderten hatte Europa wundervolle Gewebe aus Indien bezogen und dafür mit Gold bezahlt, das dem Schmuckbedürfnis der Bevölkerung Indiens dient. „Es war der britische Eindringling, der den indischen Handwebstuhl zerstörte und das Spinnrad zerbrach. England begann damit, daß es den indischen Kattun vom europäischen Markt verdrängte; dann führte es Maschinengarn nach Hindustan ein und überschwemmte schließlich das eigentliche Mutterland des Kattuns mit Kattunwaren ... Englische Dampfkraft und englische Wissenschaft zerstörten in ganz Hindustan die Bande zwischen Ackerbau und Handwerk" (a.a.O.). Daß die über das große Land zerstreute Bevölkerung untereinander wenig Verbindungen hatte und es der Zentralregierung überließ, „sich um die großen Arbeiten zu kümmern", führte zum Ruin des Wirtschaftslebens und verhinderte zugleich, daß es zu einer aktiven Abwehr der Kolonialherren kam. Die zahlreichen Selbstversorgungsbetriebe wurden ökonomisch durch den britischen Import von Fabrikware ruiniert, und so entstand „die einzige soziale Revolution, die Asien je gesehen hat" (132).

„Sosehr es nun auch dem menschlichen Empfinden widerstreben mag, Zeuge zu sein, wie Myriaden betriebsamer patriarchalischer und harmloser sozialer Organisationen zerrüttet und in ihre Einheiten aufgelöst werden, hineingeschleudert in ein Meer von Leiden, wie zu gleicher Zeit ihre einzelnen Mitglieder ihrer alten Kulturformen und ihrer ererbten Existenzmittel verlustig gehen, so dürfen wir doch darüber nicht vergessen, daß diese *idyllischen Dorfgemeinschaften ... seit jeher die feste Grundlage des orientalischen Despotismus* gebildet haben, daß sie den menschlichen Geist auf den denkbar engsten Gesichtskreis beschränkten" (a.a.O.). „Wir dürfen nicht vergessen, daß diese kleinen Gemeinwesen durch *Kastenunterschiede und Sklaverei befleckt waren*, daß sie den Menschen unter das Joch der Umstände zwangen, statt den Menschen zum Beherrscher der Umstände zu erheben... Gewiß war *schnöder Eigennutz* die einzige *Triebfeder Englands*, als es eine soziale Revolution in Indien auslöste, und die Art, wie es seine Interessen durchsetzte, war stupid. Aber nicht das ist hier die Frage. Die *Frage ist, ob die Menschheit ihre Bestimmung erfüllen kann ohne radikale Revolutionierung der sozialen Verhältnisse in Asien.* Wenn nicht, so war England, welche Verbrechen es auch begangen haben mag, doch das *unbewußte Werkzeug der Geschichte, indem es diese Revolution zuwege brachte*" (133). Und Marx schließt mit einem Zitat aus Goethes „West-Östlichem Divan":

„Sollte diese Qual uns quälen,
Da sie unsre Lust vermehrt;
Hat nicht Myriaden Seelen
Timurs Herrschaft aufgezehrt?"

Ganz im Sinne der Hegelschen Geschichtsphilosophie akzeptiert Marx hier mit erschrecken lassender Nüchternheit die fortschrittliche Bedeutung gewaltsamer, brutaler Zerstörungen, weil sie „veraltete Verhältnisse" überwinden!

Preußen-Rußland und Polen

Das zaristische Rußland war für Marx und Engels wie für viele europäische Demokraten seit 1815, oder spätestens seit 1848, der Hort der Reaktion. Ohne eine Umwälzung in Rußland, das als „Schutzmacht" der reaktionären Monarchien – vor allem Preußens – angesehen wurde, konnte nach der Überzeugung von Marx weder in Deutschland noch im übrigen Europa die Revolution siegen. Ein wichtiger Verbündeter der westeuropäischen und deutschen Demokraten waren aber die Polen. Wiederholt hat sich Marx für die Wiederherstellung eines unabhängigen Polens eingesetzt und sie als einen wichtigen Schritt zur notwendigen Umwälzung der Verhältnisse im zaristischen Rußland angesehen. In einer Serie von Exzerpten und Manuskripten, die er zwischen 1863 und 1864 verfaßt hat, die aber erst 1971 zum ersten Mal – und zwar nicht zufällig nur in Warschau – veröffentlicht wurden, hat Marx das Zusammenspiel von Preußen und Rußland bei der Unterdrückung polnischer Freiheitsbewegungen beschrieben und mit heftigen Worten verurteilt. Da diese Texte sowohl in der Sowjetunion als auch in der DDR bewußt verheimlicht wurden, obgleich auch in den publizierten Arbeiten von Marx und Engels genügend antizaristische und propolnische Äußerungen zu finden sind, will ich auf diese wenig bekannten Manuskripte hinweisen. Sie bilden eine wichtige Ergänzung zu Marx' und Engels' Reden und Artikel zum Thema Polen-Rußland-Preußen.

Anhand zahlreicher Exzerpte aus historischen Werken versucht Marx seine These überzeugend zu belegen, daß Preußen durch seine Beteiligung an polnischen Teilungen seit langem praktisch ein enger Verbündeter, ja geradezu ein Vasall des Zaren geworden ist. „Die 1. Teilung Polens (war) eine Infamie, bei der der Hohenzoller von Rußland beordert wurde, die Initiative zu ergreifen und die Rolle des Hauptagenten zu spielen, aber es war eine Infamie durchaus nötig zur Stiftung der königlich-preußischen Nationalität. Die Teilnahme Preußens an der 2. Teilung Polens blunder [englisch für „Schwindel", I. F.]. Die an der 3. eine ganz nutzlose und direkt schädliche Infamie" (*Beiträge zur Geschichte der Polnischen Frage, Manuskripte aus den Jahren 1863–1864,* S. 228). Preußen holte Rußland nach Mitteleuropa herein und machte es zum „Garanten der Reichsverfassung". Sowohl Peter I. als auch seine Nachfolger mischten sich in die inneren Angelegenheiten Deutschlands ein und stellten sich als dessen „Schutzmacht" hin. Friedrich der Große habe Rußland selbst „zum ‚Garanten' der deutschen Reichsverfassung" gemacht, sich selbst zum Garanten der „polnischen Verfassung", d.h. aber des Verbleibs Polens im russischen Reichsverband.

Während der Revolution 1848/49 trat Marx energisch für einen Krieg der deutschen Staaten gegen Rußland und für die Wiederherstellung Polens ein. Die Monarchen in Berlin und Wien erblickten zur gleichen Zeit im zaristischen Rußland die letzte sichere Schutzmacht gegen die ihre Herrschaft bedrohende Revolution. „Die Berliner, mit richtigem Instinkt, weihten die Revolution ein durch Freilassung der polnischen Gefangenen ... und Akklamation der russenfeindlichen Reden Mieroslawskis an die aufgeregte Masse ..." (300). Der König, den Marx als „der Eunuch" apostrophiert, „sah mit Schrecken, daß die deutsche Revolution richtig begriffen (hatte), daß ihr Geheimnis die Wiederherstellung Polens und der Krieg mit Rußland" war und daß „die Macht der Unterknäsen (Knas = russischer Fürst, Unter-Fürst der Hohenzoller) erst wirklich gebrochen" werden konnte, „sobald das Joch des Chans der Goldenen Horde ... abgeworfen" sei (ironisch identifiziert Marx hier den Zaren mit der „Goldenen Horde" der Mongolenherrscher, die im 13. Jahrhundert das Gebiet Rußlands eroberten). Während das Parlament in der Paulskirche über Verfassungsfragen und den Krieg in Dänemark diskutierte, nützten „königlich preußische Generale in Posen", wie die dortige preußische Bürokratie die Gelegenheit, sich Posen einzuverleiben, wobei sie die Jiddisch sprechende jüdische Bevölkerung praktischer Weise als „Germanen" zählten und so eine deutsche ethnische Mehrheit konstruierten.

„Es könnte auch scheinen, als wenn die angeblichen ‚Germanisierungsversuche' Preußens in Posen etc. seinem ‚russischen' Beruf widersprächen. Nichts kann falscher sein. Das VerPreußen der polnischen Provinzen ist vielmehr das sicherste Mittel, den Widerstand zu brechen, den Rußland an der polnischen Nationalität bei der Reinkorporation dieser Länder sonst finden würde. Preußen ‚erzieht' sie für die russische Herrschaft, macht sie mürb dafür. Es versetzt pommersche, märkische, sächsische (Kolonisten), Bauern, Juden und Krautjunker dahin, königlich-preußische Untertanen, die zwar ... ‚deutsch' sprechen, sonst aber keine Deutschen, sondern ‚Preußen' sind, königlich-preußische Kolonisten, durch hohenzollersche Gnade auf Kosten der native Poles dotiert ..." (274–6).

Für Marx treiben die preußischen Monarchen keine deutsche, sondern eine engstirnige preußische Politik. Ihr Staatsprinzip ist die „auf Hegemonie Rußlands gegründete Existenz und Ausdehnungsfähigkeit der hohenzollerschen Hausmacht" (272). Mit der „Selbständigkeit Polens fällt Rußland in den Rang einer asiatischen Macht ... Preußen von einer europäischen Macht zweiten Rangs zu einer deutschen Lokalmacht herab" (272).

Die kritische Einschätzung Preußens und der Hohenzollern dürfte bei Marx wie bei Engels auch mit ihrer rheinischen Herkunft zusammenhängen. Sie schloß aber bei beiden keineswegs einen demokratischen deutschen Patriotismus aus. Der Redakteur der *New York Daily Tribune*, für den Marx und Engels jahrzehntelang aus London berichteten, schrieb Marx am 8. März 1860 unter anderem: „Das einzige, was ich an Ihnen aussetzen mußte, war daß Sie gelegentlich eine für eine amerikanische Zeitung zu *stark betonte Note deutschen Empfindens* an den Tag gelegt haben ... In Fragen, die den Zarismus wie den Bonapartismus betreffen, war ich zuweilen der Meinung, daß Sie zu *viel Interesse und zu große Besorgnis für die Einheit und Unabhängigkeit Deutschlands bekundeten ...*" (MEW 14, 680). Das wache Interesse für die Einigung der deutschen Staaten führte dazu, daß Marx – im Unterschied zu manchen Sozialisten in Deutschland wie Wilhelm Liebknecht – die Leistung Otto von Bismarcks positiv bewertete und Kritik an ihm für unangebracht hielt. Betrübt war Marx allerdings über den plakatierten Patriotismus der beiden kriegführenden Staaten Frankreich und Preußen-Deutschland, zugleich erklärt er, sogar in einem Brief an Paul und Laura Lafargue in Paris, daß „die Deutschen schließlich siegen. Ich wünsche das deshalb, weil die definitive Niederlage Bonapartes wahrscheinlich eine Revolution in Frankreich hervorruft, während durch die definitive Niederlage Deutschlands nur die gegenwärtige Lage um weitere 20 Jahre hinausgezogen würde“ (MEW 33, 126). Mit großer Energie verlangt Marx von den deutschen Sozialisten, daß sie gegen eine Annexion von Elsaß-Lothringen agitieren. In einem Brief an den Ausschuß „der Sozialdemokratischen Arbeiterpartei“ schreibt er u. a., „die Militärkamarilla, Professorschaft, Bürgerschaft und Wirtshauspolitik“ behaupten, die von Preußen geplante Annexion sei „das Mittel, Deutschland auf ewig vor Krieg mit Frankreich zu schützen. Es ist umgekehrt das *probateste Mittel, diesen Krieg in eine europäische Institution zu verwandeln.* Es ist in der Tat das sicherste Mittel, den Militärdespotismus in dem verjüngten Deutschland zu verewigen als eine Notwendigkeit zur Behauptung eines westlichen Polens, des Elsaß und Lothringens. Es ist das unfehlbarste Mittel, den kommenden Frieden in einen bloßen Waffenstillstand zu verwandeln, bis Frankreich so weit erholt ist, um das verlorene Terrain herauszuverlangen. Es ist das unfehlbarste Mittel, Deutschland und Frankreich durch wechselseitige Selbstzerfleischung zu ruinieren“ (MEW 17, 268). Positiv im Interesse der „Partei Marx“ bleibt aber, daß „dieser Krieg … den Schwerpunkt der kontinentalen Arbeiterbewegung nach Deutschland verlegt“ hat (270).

Bakunins russischer Agrar-Anarchismus und die sozialistische Revolution

Michail Bakunin hatte lange die Freundschaft von Karl Marx gesucht und versucht, sich Grundkenntnisse der „Kritik der politischen Ökonomie" anzueignen. Zu Konflikten war es vor allem deshalb gekommen, weil Bakunin innerhalb der „IAA" eine Art Sonderbündnis seiner anarchistischen Anhänger organisierte und damit der theoretischen Orientierung durch Marx und Engels im Wege stand. Die Verlegung des Sitzes des „Generalrats" von London nach New York hatte Marx auf dem Haager Kongreß 1872 nur deshalb gewollt, um den „Bakuninisten" den Weg zu versperren. In der Folge entwickelte Bakunin seine theoretischen Auffassungen in dem Buch „Staatlichkeit und Anarchie" (1873), das Marx exzerpierte und mit kritischen Randnotizen versah.

Hauptthema Bakunins ist ein Angriff auf den autoritären deutschen Sozialismus von Marx, den er als typisch preußisch-deutsch bezeichnete. Marx wendet gegen diesen frontalen Angriff ein, daß die deutschen Sozialisten keine Anhänger Preußens sind und daß Preußen in erster Linie durch die Einflußnahme der russischen Zaren zu einer größeren Rolle in Europa gelangt ist. Im Gegensatz zu den autoritätsgläubigen Deutschen, auch den deutschen sozialistischen Arbeitern, sind – nach Bakunin – die russischen Bauern geborene freiheitsliebende Sozialisten. Die Slawen dürften sich daher keinesfalls von der „diktatorischen Gewalt der Herren Marx und Engels und nach ihnen der Herren Bebel, Liebknecht und einiger literarischer Hebräer" unterdrücken lassen, sondern „alle Kräfte anwenden, um das slawische Proletariat *abzuwenden* von dem selbstmörderischen Eintritt" in diese Partei, die „rein bürgerlich und zudem ausschließlich *deutsch d. h. slawenmörderisch*" sei (zit. bei Marx, MEW 18, 611). Bakunin komme es vor allem auf das „Nivellieren" ganz Europas an (619). Die Bauern würden – nach einer proletarischen Revolution, wie sie Marx im Auge hat – „wahrscheinlich regiert werden durch das städtische Fabrikproletariat“ (630). Dagegen betont Marx, daß überall dort, wo – im Unterschied zu England – noch ein selbständiges Bauerntum besteht, das siegreiche Proletariat es „nicht ... vor den Kopf stoßen“ darf, „indem es z. B. die Abschaffung des Erbrechts proklamiert oder die Abschaffung seines Eigentums; letztres nur möglich, wo der *kapitalistische Pächter* die Bauern verdrängt hat und der *wirkliche Landbauer ebensogut Proletarier, Lohnarbeiter* ist, wie der städtische Arbeiter, also genau mit ihm dieselben Interessen unmittelbar hat“ (633). Vom nationalen Standpunkt – meint Bakunin – würden „die Slawen aus demselben Grund zum siegreichen deutschen Proletariat in sklavischer Abhängigkeit stehen, worin das letztere sich befindet zu seiner Bourgeoisie“. Dazu die energische Antwort von Marx: *„Schülerhafte Eselei!* Eine radikale soziale Revolution ist an *gewisse historische Bedingungen der ökonomischen Entwicklung geknüpft; letztere sind ihre Voraussetzung.* Sie ist also nur möglich, wo mit der kapitalistischen Produktion das industrielle Proletariat wenigstens eine bedeutende Stellung in der Volksmasse einnimmt. Und damit es irgendeine Chance zum Sieg habe, muß es *wenigstens fähig sein, soviel unmittelbar mutatis mutandis für die* Bauern zu tun, als die französische Bourgeoisie in ihrer Revolution für die damaligen französischen Bauern tat. *Schöne Idee, daß der Arbeit Herrschaft einschließt Unterdrückung der ländlichen Arbeit!* Aber hier kommt der innerste Gedanken des Herrn Bak. heraus. *Er versteht absolut nichts von sozialer Revolution,* nur *die politischen Phrasen davon;* die ökonomischen Bedingungen derselben existieren nicht für ihn. Da nun alle bisherigen ökonomischen Formen, entwickelt oder unentwickelt, Knechtschaft des Arbeiters ... einschließen, *glaubt* er, daß *in allen gleichmäßig radikale Revolution möglich.* Aber noch mehr! *Er will, daß die auf der ökonomischen Basis der kapitalistischen Produktion gegründete europäische soziale Revolution auf dem Niveau der russischen oder slawischen Agrikultur- und Hirtenvölker sich vollziehe, dies Niveau nicht übertreffe ... Der Wille, nicht die ökonomischen Bedingungen, ist die Grundlage seiner sozialen Revolution*“ (633 f.).

Damit nimmt Marx 1874/75 die Kritik am Versuch des Aufbaus einer „sozialistischen Gesellschaft" in überwiegend agrarischen Ländern wie Rußland 1917 und China 1949 vorweg. In beiden Fällen war es der Wille, zusammengefaßt in einer autoritär geführten „Avantgardepartei" bzw. einer „Volksbefreiungsarmee", der die Gesellschaft zu revolutionieren unternahm.

Als 1881 die russische Revolutionärin Vera Sassulitsch Marx fragte, ob Rußland nicht – unter Umgehung des schmerzlichen Weges über den Kapitalismus, ausgehend von den Dorfgemeinschaften, direkt zum Sozialismus gelangen könne, verfaßte Marx drei Entwürfe, ehe er eine ganz knappe definitive Antwort an sie schickte. In den ausführlichen Entwürfen deutet Marx an, daß in Rußland – im Unterschied zum europäischen Westen – ein Übergang der agrarischen Gemeinwirtschaft, der „Obschtschina", zu modernen Produktionsmethoden denkbar sei, weil Rußland in einem modernen historischen Milieu diese Gemeineigentumsformen noch kenne. So sei es denkbar, Maschinen zur extensiven Bearbeitung des Bodens durch diese gemeinwirtschaftlichen Einheiten einzuführen, so daß die Aufteilung in bäuerliches Kleineigentum produktionstechnisch ein Rückschritt wäre und unterbleiben könnte. „Die physische Beschaffenheit des russischen Bodens" lade „zu einer kombinierten maschinellen Bearbeitung in großem Maßstab geradezu ein", schließlich schulde die „russische Gesellschaft, die so lange auf Kosten und zu Lasten der Dorfgemeinde gelebt hat, ihr die ersten notwendigen Vorschüsse für diese Umwandlung" (MEW 19, 399). Marx war sich freilich nicht sicher, ob die Zerstörung und der wirtschaftliche Niedergang der dörflichen Gemeinproduktion nicht schon zu weit fortgeschritten sei, um diese optimistische Perspektive noch realistisch sein zu lassen.

13. Karl Marx – privat

Marx war – wie die meisten Menschen – ein Mann voller Widersprüche. Ehrgeizig, ungemein arbeitsam, selbstbewußt bis zum Hochmut und zugleich voller Mitgefühl für die leidende Menschheit – übrigens nicht nur für die Arbeiter, sondern auch für marginalisierte Gruppen wie die in Jerusalem lebenden Juden –, leidenschaftlicher Liebhaber und kinderlieber Vater. Er war ein Kenner der klassischen Antike sowie der englischen, französischen, deutschen und spanischen Literatur, und er hat spät auch noch Russisch gelernt, um die sozialökonomische Entwicklung dieses Riesenlandes, das ihm als eine schwere Belastung für die freiheitliche Entwicklung Europas erschien, besser verfolgen zu können. Seine Arbeiten werden durch zahlreiche Zitate – von Dante, Shakespeare, Juvenal, Cicero, Goethe, Schiller usw. – belebt, oft genug in den Originalsprachen. So wichtig Marx auch sein Einfluß auf die Arbeiterbewegung war, legte er doch auch Wert darauf, als Gelehrter anerkannt zu werden. Aus Hannover schreibt er am 24.4.1867 einmal – nicht ohne Stolz – an den Freund Engels: „Wir zwei haben doch eine ganz andere Stellung in Deutschland, namentlich unter dem ‚gebildeten' Beamtentum, als wir wissen … Unser Einfluß auf dies Beamtentum ist größer als auf die Knoten" (MEW 31, 290 f.). Als „Knoten" bezeichneten Marx und Engels in ihrer Korrespondenz etwas herablassend (in der Studentensprache) Proletarier.

Unter den übrigen Sozialisten, Anarchisten und Gewerkschaftern fand Marx keinen ebenbürtigen Gesprächspartner, und auch dem Freund Engels gegenüber fühlte er sich seiner gründlicheren philosophischen und volkswirtschaftlichen Bildung wegen überlegen. Gelegentlich ließ er das den Freund und uneigennützigen Mäzen auch spüren. Nach seinem Ausscheiden aus der Firma „Ermen and Engels“ konnte ihm sein Freund eine stattliche Rente auszahlen, die Marx erlaubte, sich ganz seiner wissenschaftlichen Arbeit zu widmen. Marx nahm diese Freundesgabe mit dem Bewußtsein entgegen, sie reichlich verdient zu haben. Sein Mitgefühl anläßlich des Todes von Engels' Lebensgefährtin hielt sich in Grenzen. Sein dürrer Kondolenzbrief führte sogar bei dem äußerst ergebenen Freunde zu einer – vorübergehenden – Verstimmung.

Jenny Marx, geborene Baronesse von Westphalen, war und blieb seine große Liebe. Als seine Frau im Juni 1856 zusammen mit ihren drei Töchtern ihre todkranke Mutter in Trier besuchte, schrieb er ihr einen amüsanten und zugleich leidenschaftlichen Liebesbrief, der ausführlich zitiert zu werden verdient: „Ich schreibe Dir wieder, weil ich allein bin und weil es mich geniert, immer im Kopf Dialoge mit Dir zu halten, ohne daß Du etwas davon weißt und hörst oder mir antworten kannst ...“ Er hat ein Foto seiner Frau vor sich und meint, „keins der schwarzen Madonnenbilder ist je mehr geküßt und angeäugelt und adoriert worden als Dein Photograph, das ... Dein liebes, küßliches, ‚dolce‘ Gesicht nicht widerspiegelt. Aber ich verbeßre die Sonnenstrahlen, die falsch gemalt haben, und finde, daß meine Augen ... doch malen können, nicht nur im Traum, sondern auch wachend. Ich habe Dich leibhaftig vor mir, und ich trage Dich auf den Händen, und küsse Dich von Kopf bis Fuß, und ich falle vor Dir auf die Knie, und ich stöhne: ‚Madame, ich liebe Sie.‘ Und ich liebe in der Tat, mehr als der Mohr von Venedig je geliebt hat. Falsch und faul faßt die falsche und faule Welt alle Charaktere auf. Wer von meinen vielen Verleumdern und schlangenzüngigen Feinden hat mir je vorgeworfen, daß ich berufen sei, eine erste Liebhaberrolle auf einem Theater zweiter Klasse zu spielen? Und doch ist es wahr. Hätten die Schufte Witz besessen, sie hätten ‚die Produktions- und Verkehrsverhältnisse‘ auf die eine Seite gemalt und mich zu Deinen Füßen auf der andren. Look to this picture and to that – hätten sie drunter geschrieben. Aber dumme Schufte sind es und dumm werden sie bleiben, in seculum seculorum ... Die Mannigfaltigkeit, worin uns das Studium und moderne Bildung verwirkeln, und der Skeptizismus, mit dem wir notwendig alle subjektiven und objektiven Eindrücke bemängeln, sind ganz dazu gemacht, uns alle klein und schwach und quängelnd und unentschieden zu machen. Aber die *Liebe, nicht* zum Feuerbachschen Menschen, nicht zum *Moleschottschen* Stoffwechsel, *nicht zum Proletariat,* sondern die *Liebe zum Liebchen* und namentlich *zu Dir,* macht den Mann wieder zum Mann" (MEW 29,532/535). Mohr war der Spitzname, der Marx in der Familie und von engen Freunden gegeben wurde.

Gewiß, Marx war seiner geliebten Frau nicht immer treu. Zumindest einmal muß er mit der ergebenen Hausgehilfin Helene Demuth, die ihm von seiner Schwiegermutter ins Exil geschickt worden war, geschlafen haben. Am 23. Juni 1851 gebar Helene einen Knaben namens Frederick Lewis, der seinem leiblichen Vater außerordentlich ähnlich gesehen haben soll. Freund Engels übernahm auch in diesem heiklen Fall einen Freundesdienst und fungierte offiziell als Vater. Erst auf seinem Totenbett hat er Louise Freyberg-Kautsky den frommen Betrug eingestanden!

In der Erinnerung von Eleanor Marx erscheint die Ehe ihrer Eltern in verklärtem Licht. Vor allem betont sie – wie übrigens Marx selbst – die große Hilfe, die Jenny Marx lebenslänglich für ihren Mann bedeutet hat: „Es ist keine Übertreibung, wenn man sagt, daß Karl nie das hätte werden können, was er war, ohne Jenny von Westphalen. Niemals waren zwei so bemerkenswerte Menschen so eng verbunden, so sehr einander ergänzend wie sie beide. Von außerordentlicher Schönheit, auf die er richtiggehend stolz war und die Heine und Herwegh bewunderten, mit ebenso glänzender Intelligenz wie ihre Schönheit, ragte sie unter Millionen Frauen heraus. Als Knabe und Mädchen kannten sich die beiden schon, spielten zusammen als Jüngling und junge Frau – er erst 17 und sie 21 Jahre alt – bevor sie – nach siebenjähriger Verlobungszeit heiraten konnten. Sie durchlitten gemeinsam die Jahre von Sturm und Drang, Exil und bitterer Armut, Verleumdung und heftigen Kampfes – zusammen mit ihrer treuen Freundin Helene Demuth und traten so der Welt ohne Wanken und Schwanken entgegen – stets pflichtgetreu auf Posten und in Gefahr… Und manchmal meine ich, fast ebenso stark wie ihre Hingabe für die Sache der Arbeiter sei ihr grenzenloser Sinn für Humor gewesen. Gewiß haben zwei Menschen niemals einen Witz mehr genossen als diese beiden. Immer wieder hab' ich erlebt daß sie – besonders in Situationen, die Gesetztheit und Decorum verlangen – zu Tränen lachten, so daß selbst Mitmenschen, die angesichts von so viel Leichtfertigkeit schockiert waren, schließlich mitlachen mußten."

Das schon damals verbreitete Bild von Karl Marx als einem „Jupiter tonans" widersprach – nach Eleanor – vollständig der Wirklichkeit. „Daheim und im Verkehr mit Freunden, ja sogar mit bloßen Bekannten zeigte sich als Haupteigenschaft von Karl Marx seine grenzenlos gute Laune und seine unbegrenzte Sympathie. Seine Güte und seine Geduld waren einfach großartig…" „Vielleicht war aber Marx am liebenswürdigsten im Umgang mit Kindern. Gewiß haben Kinder nie einen vergnüglicheren Spielkameraden gehabt als ihn. Meine früheste Erinnerung sieht ihn – ich war etwa drei Jahre alt – wie er mich auf seinen Schultern trägt und um unseren kleineren Garten in Grafton Terrace trabt und dabei immer wieder Blumen in meine braunen Locken steckt. Mohr war, zugegeben, ein ausgezeichnetes Reitpferd." Am schönsten sei es aber gewesen, wenn Marx den Kindern selbsterfundene Geschichten erzählte, wie die von „Hans Röckle", die monatelange Fortsetzungen erfuhr. „Hans Röckle war ein Zauberer nach der Art E. T. A. Hoffmanns, dem ein Spielwarenladen gehörte und der immer wirtschaftliche Schwierigkeiten hatte. Sein Laden war voll von wunderbaren Dingen, hölzernen Männern und Frauen, Riesen, Zwergen, Königen und Königinnen, Arbeitern und Meistern, Tieren, wie sie Noah in seiner Arche hatte, dazu Tischen und Stühlen, Wagen und Schachteln von jeder Größe. Aber dennoch konnte Hans niemals seine Schulden bezahlen, die er beim Teufel oder beim Metzger hatte. Auf wunderbaren Wegen kehrten alle diese verpfändeten Dinge am Ende in Röckles Laden zurück... Auf ähnliche Weise hat dieser (angeblich) so ‚bittere' und ‚verbitterte' Mann mit uns über Politik und Religion gesprochen. Ich erinnere mich noch gut daran, daß ich, fünf oder sechs Jahre alt, religiöse Bedenken hatte, nachdem wir in einer katholischen Kirche wundervolle Musik gehört hatten. Ich vertraute meine Bedenken (oder Zweifel) Mohr an, und er machte mir alles klar und verständlich. Und wie gut ich mich daran erinnere, daß er von dem Zimmermannssohn erzählte, den reiche Leute töten ließen, und immer wieder sagte: ‚und doch können wir dem Christentum viel nachsehen, es hat uns die Liebe zum Kind gelehrt'... Auch Marx hätte sagen können, ‚lasset die Kindlein zu mir kommen', denn wo immer er auftauchte, waren Kinder um ihn, im Hampstead Heath oder wenn er auf einer Parkbank saß, sammelten sich Kinder um ihn und standen mit ihm auf freundlichem und vertrautem Fuß..."

Obgleich Karl Marx sich schon in seiner Dissertation die stoische Gelassenheit gegenüber dem Tod als philosophische Haltung zum Vorbild genommen hatte, litt er doch unsäglich unter dem Tod seines Sohnes Edgar (Musch), der gerade achtjährig starb, ebenso wie unter dem Tod seiner Frau und seiner ältesten Tochter (Jenny), die er nur drei Monate überlebte. Am 12. April, wenige Tage nach dem Tod von „Musch", schreibt er an Engels: „Ich denke Mittwoch mit meiner Frau nach Manchester abzureisen; für einige Tage muß sie die Lokalität ändern... Das Haus ist natürlich ganz verödet und verwaist seit dem Tod des teuren Kindes, das seine belebende Seele war. Es ist unbeschreiblich, wie das Kind uns überall fehlt. Ich habe schon allerlei Pech durchgemacht, aber erst jetzt weiß ich, was ein wirkliches Unglück ist. Ich fühle mich broken down... Unter all den furchtbaren Qualen, die ich in diesen Tagen durchgemacht habe, hat mich immer der Gedanke an Dich und Deine Freundschaft aufrecht gehalten und die Hoffnung, daß wir noch etwas Vernünftiges in der Welt zusammen zu tun haben" (MEW 28, 444).

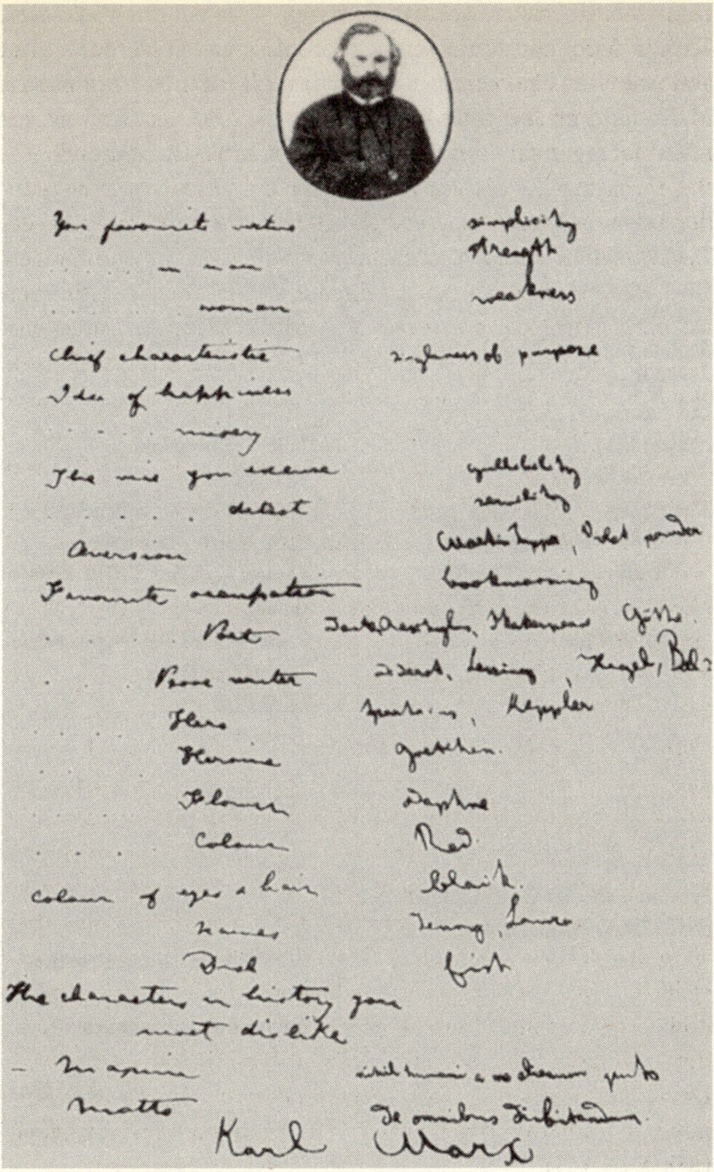

Your favourite virtue — simplicity
— in man — strength
— woman — weakness
Chief characteristic — singleness of purpose
Idea of happiness
— misery
The vice you excuse — gullibility
— detest — servility
Aversion — Martin Tupper, violet powder
Favourite occupation — bookworming
Poet — Dante, Aeschylus, Shakespeare, Göthe.
Prose writer — Diderot, Lessing, Hegel, Balzac
Hero — Spartacus, Keppler
Heroine — Gretchen.
Flower — Daphne
Colour — Red.
Colour of eyes & hair — black.
Names — Jenny, Laura
Dish — fish.
The character in history you most dislike
— Maxime — nihil humani a me alienum puto
Motto — De omnibus dubitandum.
Karl Marx

Deutsche Übersetzung einer Seite aus dem Album von Marx' Tochter Jenny mit Karl Marx' „Bekenntnissen". Solche „Fragebogen" waren in den sechziger Jahren des vergangenen Jahrhunderts in England ein beliebtes Gesellschaftsspiel. Bei uns sind sie seit vielen Jahrzehnten durch das „Magazin" der F.A.Z. bekannt.

Ihre Lieblingstugend	Einfachheit
beim Mann	Kraft
bei der Frau	Schwäche
Hauptmerkmal	Zielstrebigkeit
Auffassung von Glück	
Unglück	
Das Laster, das Sie	
entschuldigen	Leichtgläubigkeit
verabscheuen	Kriecherei
Abneigung	Martin Tupper, Veilchenpuder
Lieblingsbeschäftigung	in Antiquariaten stöbern
-Dichter	Dante, Äschylus, Shakespeare, Goethe
-Schriftsteller	Diderot, Lessing, Hegel, Balzac
-Held	Spartakus, Kepler
-Heldin	Gretchen
-Blume	Lorbeer
-Farbe	Rot
-Augen- und Haarfarbe	Schwarz
-Namen	Jenny, Laura
-Gericht	Fisch
Personen aus der Geschichte, die Sie am meisten verabscheuen	
– Maxime	Nihil humani a me alieneum puto
Motto	De omnibus dubitandum

Karl Marx

Literaturhinweise zum Weiterlesen

Quellen

Marx-Engels Gesamtausgabe (MEGA), Berlin 1927–1932. Mit der Verhaftung des Herausgebers David Borisowitsch Rjazanow durch Stalin eingestellt. Zitiert als MEGA, Bandzahl, Seitenzahl.

Karl Marx, Grundrisse der Kritik der politischen Ökonomie (Rohentwurf), Berlin 1953. Erste Publikation dieser Vorarbeit zum „Kapital", jetzt auch in der neuen MEGA (II. Abteilung Bd. 1, 1 und 1, 2).

Marx-Engels, Werke und Briefe, Berlin 1958–1968. Bisher vollständigste, jedoch unwissenschaftliche, „parteioffizielle" Ausgabe. Zitiert als MEW, Bandzahl, Seite.

Karl Marx, Beiträge zur Geschichte der Polnischen Frage (Manuskripte aus den Jahren 1863–1864), Warschau 1971 (deutsch und polnisch).

Marx-Engels, neue Gesamtausgabe (MEGA, zitiert MEGA, Abtlg. Bandzahl Seite). Berlin 1975 ff. (noch nicht abgeschlossen).

Marx-Engels, Studienausgabe, herausgegeben von I. Fetscher, Frankfurt 1990, 4 Bde. Enthält die philosophischen Frühschriften und Kap. 1 der Erstauflage des „Kapital".

Monographien

Avineri, Shlomo: *The Social and Political Thought of Karl Marx,* Cambridge 1968.

Nicolaevsky, Boris I. und Maenchen-Helfen, Otto: *Karl Marx, eine Biographie*, Hannover 1963.
Mehring, Franz: *Karl Marx, Geschichte seines Lebens*, Leipzig 1933.
Rubel, Maximilian: *Marx-Chronik, Daten zu Leben und Werk*, München 1968, 1983.
Schieder, Wolfgang: *Karl Marx als Politiker*, München 1991.
Schmidt, Alfred: *Der Begriff der Natur in der Lehre von Marx*, 4. überarbeitete Auflage, Frankfurt 1993.

Arbeiten zum „frühen Marx"

A. Biographische Untersuchungen

Monz, Heinz: *Karl Marx und Trier, Verhältnisse-Beziehungen-Einflüsse*, Trier 1964.
Monz, Heinz: *Trierer Reminiszenzen*, Trier 1969.
Kisch, Egon Erwin: *Karl Marx in Karlsbad*, Berlin und Weimar 1968.
Steiner, Herbert: *Karl Marx in Wien*, Wien-München-Zürich 1978.
Marion Barzen, Helmut Elsner, Jacques Grandjonc, Elke Röllig, Inge Taubert, Bert Andréas, Hans Pelger: *Studien zu Marx' erstem Paris-Aufenthalt und zur Entstehung der Deutschen Ideologie*, Trier 1990.
Miller, Sepp und Swadszki, Bruno: *Karl Marx in Berlin*, Berlin o.J.

B. Einflüsse auf die Entwicklung des kritischen Denkens von Marx zwischen 1842 und 1848

MacLellan, David: *The Young Hegelians and Karl Marx*, London 1969.
Bauer, Bruno: *Feldzüge der reinen Kritik*, eingeleitet von Hans Martin Sass, Frankfurt 1968.

Rosen, Zwi: *Bruno Bauer and Karl Marx: the Influence of Bruno Bauer on Marx's Thought*, Den Haag 1977.

Fay, Margaret Alice: *Der Einfluß von Adam Smith auf Karl Marx' Theorie der Entfremdung: eine Rekonstruktion der ökonomisch-philosophischen Manuskripte aus dem Jahr 1844*, Frankfurt 1985.

Feuerbach, Ludwig: *Kleine Schriften.* Nachwort von Karl Löwith, Frankfurt 1966.

Feuerbach, Ludwig: *Anthropologischer Materialismus*, Ausgewählte Schriften, 2 Bde, herausgegeben und eingeleitet von Alfred Schmidt.

Hess, Moses: *Ausgewählte Schriften*, Köln 1962.

Hess, Moses und Karl Marx: *Ein Beitrag zur Entstehung der Marxschen Theorie*, hrsg. von Zwi Rosen, Hamburg 1983.

Smith, Adam: *Der Reichtum der Nationen*, nach der Übersetzung von Max Stirner und der englischen Ausgabe herausgegeben von H. Schmidt, Leipzig 1910.

C. Generell zu den Frühschriften und dem Begriff der Entfremdung sowie zum Fetischcharakter von Ware und Kapital

Cornu, Auguste: *Karl Marx und Friedrich Engels, Leben und Werk*, 3 Bde. 1818–1846, Berlin 1954–1968.

Ollman, Bertell: *Alienation: Marx's Conception of Man in Capitalist Society*, Cambridge 1971.

Magnis, Franz von: *Normative Voraussetzungen im Denken des jungen Marx (1843–1848)*, Freiburg/München 1975.

Schrey, Heinz-Horst (Hg.): *Entfremdung*, Darmstadt 1975.

Erckenbrecht, Ulrich: *Das Geheimnis des Fetischismus, Grundmotive der Marxschen Theorie*, Göttingen 1984.

Sherover-Marcuse, Erica: *Emancipation and Consciousness, Dogmatic and Dialectical Perspectives in the Early Marx*, Oxford 1986.

Postone, Moishe: *Time, Labor, and Social Domination A Reinterpretation of Marx's Critical Theory*, Cambridge 1993.

Index

Menschen und Ideen, die unsere Welt verändert haben

Wilhelm Geerlings
Augustinus

Thomas Buchheim
Aristoteles

Martin Gessmann
Hegel

Klaus Fischer
Einstein

Michael Bordt
Platon

Vittorio Hösle / Christian Illies
Darwin

Anthony Stevens
C. G. Jung

Tom Sorell
Descartes

Ernstpeter Maurer
Luther

Anthony Kenny
Thomas von Aquin

C. C. W. Taylor
Sokrates

Richard Tuck
Hobbes

Stillman Drake
Galilei

Michael Tanner
Nietzsche

A. C. Grayling
Wittgenstein

Roger Scruton
Kant

Anthony Storr
Freud

Michael Inwood
Heidegger

Robert Wokler
Rousseau

HERDER / SPEKTRUM